INDICE

Francesco Beldì

Curare gli alberi da frutto senza chimica

Fitosanitari, trappole, macerati e altre soluzioni per coltivare senza veleni

Terra Nuova Edizioni

Direzione editoriale: Mimmo Tringale e Nicholas Bawtree
Autore: Francesco Beldì
Curatore editoriale: Enrica Capussotti
Ricerca iconografica: Alice Borali
Editing: Lucia Castellucci e Alessandra Denaro
Direzione grafica e copertina: Andrea Calvetti
Impaginazione: Daniela Annetta
Progetto grafico: Andrea Calvetti
Copertina: Andrea Calvetti

via Ponte di Mezzo, 1
50127 Firenze
tel 055 3215729 - fax 055 3215793
libri@aamterranuova.it - www.terranuovalibri.it

I edizione: febbraio 2016
Ristampa
X XI VIII VII VI V IV III II I 2024 2023 2022 2021 2020 2019 2018 2017 2016
Collana: Agricoltura naturale
ISBN 978886681 122 0

Stampa: Lineagrafica, Città di Castello (Pg)

Introduzione

Le piante da frutto sono attaccate frequentemente da parassiti che possono compromettere la quantità e la qualità del raccolto. Questo accade ai fruttiferi presenti nel giardino di casa come alle piante delle coltivazioni intensive.
In entrambi i casi, un buon coltivatore è chiamato a proteggerle da questi danni. La scelta di varietà rustiche, resistenti o tolleranti alle principali patologie è sicuramente un buon inizio, ma non è sufficiente ad assicurare un buon raccolto.
Per essere sicuri di arrivare al raccolto con buoni risultati è necessario controllare regolarmente lo stato di salute delle piante, verificando i sintomi e gli attacchi di eventuali parassiti. Oltre allo stato di salute delle piante è importante controllare le condizioni ambientali come l'umidità e la temperatura del terreno, poiché anche queste ultime possono favorire lo sviluppo delle avversità.

L'intento di questo manuale è facilitare il riconoscimento dei parassiti e identificare le condizioni per il loro sviluppo, in modo tale da individuare strategie di difesa tempestive ed efficaci. Oltre all'individuazione delle principali avversità degli alberi da frutto, il libro suggerisce i metodi e i prodotti per la difesa ammessi in agricoltura biologica sia per i frutteti familiari che per quelli professionali, fornendo ovviamente le istruzioni anche su come e quando impiegarli.

Per rendere più agevole la consultazione, per ogni pianta da frutto vengono indicati i parassiti specifici (Cap. 1) e quelli comuni a più specie (Cap. 2), il tutto corredato con foto utili a identificare i vari patogeni e i danni da loro causati a un primo controllo visivo. Per ogni patologia, poi, sono suggerite le pratiche agronomiche di prevenzione, i preparati naturali utili a contrastarla, i metodi di difesa con mezzi fisici (trappole, reti ecc.), gli organismi utili che contribuiscono al suo controllo e i trattamenti con prodotti fitosanitari ammessi in agricoltura biologica da eseguire in caso di necessità.

La seconda parte del manuale è dedicata all'approfondimento dei mezzi e dei metodi di difesa, alle modalità d'impiego, al loro meccanismo d'azione, a eventuali controindicazioni ed infine a dove è possibile reperire formulati e principi attivi non tossici (Cap. 3). Inoltre, di ognuno dei trattamenti suggeriti è indicato se si tratta di un'efficacia comprovata da un lungo impiego o semplicemente da attività sperimentali condotte in Italia o in altre parti del mondo.
In definitiva, questo volume costituisce una ricognizione molto utile a conferma di come numerosi prodotti e tecniche di difesa sviluppati in frutticoltura biologica sono ormai utilizzati anche in coltivazioni convenzionali, perché hanno dimostrato di essere, oltre che a basso impatto ambientale, efficaci tanto quanto i pesticidi di sintesi.

La speranza è di riuscire a offrire ai coltivatori uno strumento di consultazione e approfondimento utile per evitare che il frutto (e in questo caso nessun'altra parola potrebbe essere più adatta!) del loro lavoro venga danneggiato o irrimediabilmente distrutto dai parassiti.

CAPITOLO 1

Principali parassiti degli alberi da frutto

Monilia *(Monilia laxa e Monilia fructigena)*

RICONOSCIMENTO L'infezione è causata da funghi del genere *Monilia*. I fiori colpiti imbruniscono e seccano, talvolta coprendosi di una muffa grigia. I rametti manifestano tacche depresse che possono fessurarsi longitudinalmente; la parte terminale del rametto muore, mentre le foglie inserite in quella parte avvizziscono rimanendo pendule sul rametto stesso. I frutticini marciscono e si ricoprono di una muffa grigia, mentre sui frutti in maturazione si formano macchie rotondeggianti marcescenti di colore bruno, su cui si differenziano cuscinetti concentrici giallo-ocra. Successivamente si assiste alla loro mummificazione.

La prima infezione avviene anche con temperature relativamente basse prima dell'apertura dei fiori, se la pianta rimane bagnata per qualche ora (non sono necessarie le piogge). Le infezioni possono continuare fino a quando le temperature non superano i 27-28° C.

Nelle primavere molto piovose e umide questa avversità può distruggere completamente i fiori e colpire tutti i frutti.

▸ VEDI CAP. 2 **Avversità comuni**

Anarsia *(Anarsia lineatella)*

RICONOSCIMENTO È una farfalla con un'apertura alare di 12-15 mm, ali anteriori grigio scuro con striature lineari chiare e scure e ali posteriori di colore chiaro. Le larve sono lunghe fino a 15 mm, rossastre, divise in segmenti da fasce giallo-ocra chiaro, con il capo scuro. Possono nutrirsi di fiori, germogli e frutti all'interno dei quali scavano gallerie profonde. I frutti colpiti cadono oppure marciscono per l'azione di parassiti secondari.

CURE COLTURALI La protezione dei frutti con reti antinsetto ▶ potrebbe dimostrarsi efficace, ma non è stata ancora verificata da prove sperimentali.

▶ VEDI CAP. 7 Trappole, recinzioni, coperture e altri sistemi di protezione

TRATTAMENTI I trattamenti con *Bacillus thuringiensis* ▶ iniziano dopo l'allegagione, 15 giorni dopo che sono stati catturati dalla trappola a feromoni ▶ 7 maschi in una settimana o 10 in due settimane, oppure che il 10% dei germogli è risultato infestato. I trattamenti sulla prima generazione proseguono ogni 7-9 giorni fino a quando si continuano a superare le soglie di intervento. Sulle generazioni successive il primo intervento segue di soli 7 giorni il superamento della soglia, poi i trattamenti proseguono come sulla prima generazione.

▶ VEDI CAP. 8 Prodotti fitosanitari microbiologici
▶ VEDI CAP. 7 Trappole, recinzioni, coperture e altri sistemi di protezione

Per migliorare l'efficacia del trattamento è meglio controllare che l'acqua abbia un pH pari a 6-7 (eventualmente aggiungere aceto ▶) e aggiungere alla miscela antiparassitaria olio bianco estivo ▶ alla dose di 300-500 cc/hl (3-5 g/l) e zucchero alla dose di 1 Kg/hl (10 g/l).

▶ VEDI CAP. 5 Rimedi naturali
▶ VEDI CAP. 3 Prodotti fitosanitari vegetali e minerali

Quando l'appezzamento è grande almeno 1 ha, per il controllo dell'*Anarsia*, al posto dei trattamenti, si può applicare il metodo della confusione o della distrazione sessuale. ▶ Gli erogatori spesso abbinano i feromoni ▶ per *Anarsia lineatella* a quelli per *Cydia molesta* consentendo il controllo di entrambi i parassiti.

▶ VEDI CAP. 7 Trappole, recinzioni, coperture e altri sistemi di protezione
▶ VEDI CAP. 3 Prodotti fitosanitari vegetali e minerali

Oidio *(Podosphaera oxyacanthae var tridactyla)*

RICONOSCIMENTO I sintomi dell'oidio compaiono sui frutti circa un mese dopo la fioritura sotto forma di chiazze biancastre isolate, che si trasformano in tacche necrotiche reticolari e tendono ad allargarsi fino a ricoprire tutta l'epidermide. La perdita di elasticità del tessuto può determinare fenditure e deformazioni. Sulle foglie, l'oidio compare come efflorescenza biancastra solo dopo la raccolta.

Il fungo sverna nelle gemme. Le infezioni iniziano alla schiusura delle gemme e proseguono per tutta l'estate. Il fungo è favorito dalle temperature elevate.

CURE COLTURALI La raccolta dei germogli colpiti abbassa la pressione esercitata dal fungo.

PREPARATI VEGETALI I preparati a base di equiseto e tarassaco ▶ contribuiscono a rinforzare le difese delle piante contro l'oidio.

▶ VEDI CAP. 4 Preparati vegetali

RIMEDI NATURALI I trattamenti con bicarbonato di sodio ▶ possono ridurre i danni provocati dal fungo.
Quando sono presenti i sintomi e le temperature sono elevate, l'impiego della miscela NAB ▶ al posto dello zolfo riduce i rischi di fitotossicità.

▶ VEDI CAP. 5 Rimedi naturali

▶ VEDI CAP. 5 Rimedi naturali

TRATTAMENTI Il primo intervento si esegue a caduta petali utilizzando zolfo ▶ o proteinato di zolfo oppure, se le temperature sono inferiori ai 10° C, *Ampelomyces quisqualis*. ▶ I trattamenti con zolfo o proteinato di zolfo proseguono se la stagione ha un decorso caldo e umido, e vanno ripetuti a distanza di 8-10 giorni. L'impiego in autunno di *Ampelomyces quisqualis* permette di ridurre il potenziale di inoculo dell'oidio per la stagione successiva grazie alla parassitizzazione delle forme svernanti.

▶ VEDI CAP. 3 Prodotti fitosanitari vegetali e minerali
▶ VEDI CAP. 8 Prodotti fitosanitari microbiologici

Maculatura rossa *(Apiognomonia erytrostoma)*

RICONOSCIMENTO La maculatura rossa colpisce sia le foglie che i frutti.
Sulle prime determina la comparsa di macchie tondeggianti visibili inizialmente solo in trasparenza. Con il procedere dell'infezione le macchie si scuriscono e necrotizzano, staccandosi spesso dal lembo fogliare. In caso di attacchi gravi, in estate si può raggiungere il completo defogliamento della pianta.
Sui frutti si formano macchie tondeggianti superficiali di colore giallo-rosso con un contorno più scuro e ben definito.
Il fungo sverna nelle foglie a terra e riprende la sua attività intorno alla me-

tà di aprile in concomitanza delle piogge. Le infezioni più importanti sono quelle che si verificano con precipitazioni superiori a 10-15 mm durante la fase di allungamento dei germogli.

PREPARATI VEGETALI I preparati a base di equiseto e di tarassaco ▶ rinforzano la pianta contro le malattie fungine e hanno una blanda azione anticrittogamica.

▶ VEDI CAP. 4 Preparati vegetali

TRATTAMENTI Nelle zone soggette alla patologia si eseguono trattamenti con solfato di rame ▶ alla dose di 60 g/hl (0,6 g/l) di rame metallo con una strategia preventiva, cioè intervenendo ogni volta che è prevista pioggia. Nelle altre zone si iniziano i trattamenti alla comparsa dei sintomi e si proseguono come visto precedentemente.
In ogni caso, l'efficacia dei trattamenti è solo parziale.

▶ VEDI CAP. 3 Prodotti fitosanitari vegetali e minerali

Corineo o vaiolatura o impallinatura o gommosi parassitaria *(Stigmina carpophila)*

RICONOSCIMENTO Il fungo si manifesta sulle foglie provocando piccole tacche rosso-violacee circondate da un alone. Le parti attaccate tendono a staccarsi lasciando la foglia bucherellata. Sui rami provoca fessurazioni dalle quali fuoriesce un essudato gommoso.
I frutti colpiti presentano inizialmente piccole macchie rossastre, che prima della maturazione evolvono in incrostazioni gommose.
Le stagioni con un andamento climatico umido favoriscono lo sviluppo del patogeno.

▶ VEDI CAP. 2 Avversità comuni

Marciume del colletto, gommosi e allupatura degli agrumi *(Phytophthora spp.)*

RICONOSCIMENTO Gli attacchi dei funghi della specie *Phytophthora* provocano la formazione di una macchia di umido sulla corteccia alla base del tronco. La macchia poi si fessura con fuoriuscita di essudati gommosi. Anche sulla corteccia delle radici più grandi si formano rigonfiamenti e lesioni con sacche di gomma.

La chioma subisce un deperimento generalizzato reso evidente dalla clorosi lungo le nervature e sul lembo fogliare, dalla caduta delle foglie, dal disseccamento dei rami, dalla fioritura scarsa e dalla produzione di frutti di piccola pezzatura.

Quando le lesioni corticali si estendono fino ad interessare tutta la circonferenza del tronco, la pianta muore.

Il fungo colpisce anche i frutti, causando la allupatura: il frutto diventa molle, si ricopre di una muffa brunastra ed emana un odore rancido.

CURE COLTURALI E PRATICHE DI PREVENZIONE L'allontanamento tempestivo dei frutti ammalati e caduti al suolo riduce il potenziale di inoculo dei patogeni.

RIMEDI NATURALI L'impiego della pasta per tronchi ▶ disinfettante durante il periodo di riposo vegetativo contribuisce a controllare lo sviluppo del patogeno.

▶ VEDI CAP. 5
Rimedi naturali

TRATTAMENTI Le parti del tronco che presentano sintomi possono essere spennellate impiegando una poltiglia ottenuta mescolando un prodotto rameico (di solito ossicloruro o poltiglia bordolese) ▶ all'acqua alla dose di 6 kg di rame per 100 litri di acqua, a partire dalla ripresa vegetativa quando l'andamento climatico è piovoso.

▶ VEDI CAP. 3
Prodotti fitosanitari vegetali e minerali

Quando i sintomi compaiono anche sui frutti si interviene trattando la parte bassa della chioma, i frutti e il cotico erboso sottostante la chioma con prodotti rameici.

Afidi *(Aphis spiraecola, Toxoptera aurantii, Aphis gossypii)*

RICONOSCIMENTO Sono molti gli afidi che aggrediscono gli agrumi. I più dannosi sono l'afide verde degli agrumi (*Aphis spiraecola*), l'afide bruno degli agrumi (*Toxoptera aurantii*) e l'afide del cotone (*Aphis gossypii*).

L'afide verde degli agrumi attacca soprattutto arancio, mandarino e clementine.

Si riconosce per il colore verdognolo e per i sifoni e la codicola di colore brunastro.

I danni si manifestano principalmente su foglie e germogli dove provoca accartocciamenti fogliari e ostacola lo sviluppo della pianta. Può essere responsabile anche della colatura dei fiori e della cascola dei frutticini.

L'afide bruno è di colore rosso, nero o marrone. Sugli agrumi provoca la deformazione delle foglie, senza accartocciamenti vistosi.

L'afide del cotone presenta colorazioni variabili giallastre, verdognole, ma anche grigiastro scuro. Infesta soprattutto aranci, mandarini, clementine.

Tutti gli afidi producono un'abbondante melata che imbratta la vegetazione e favorisce lo sviluppo di fumaggini. Infine, spesso sono responsabili della diffusione di virosi come ad esempio la *Tristeza*.

▶ VEDI CAP. 2 Avversità comuni

Adulto di Cotonello citrofilo

Coccinigle degli agrumi

RICONOSCIMENTO Si tratta di numerose specie di insetti parassiti appartenenti alla superfamiglia Coccoidea: la Cocciniglia rosso forte (*Aonidiella aurantii*), la cocciniglia bianca del limone (*Aspidiotus nerii*), la Cocciniglia mezzo grano di pepe (*Saissetia oleae*), la cocciniglia a virgola (*Mytilococcus beckii*), la cocciniglia serpetta degli agrumi (*Mytilococcus gloverii*), la cocciniglia elmetto degli agrumi (*Ceroplastes sinensis*), la cocciniglia piatta degli agrumi (*Coccus hesperidum*), la cocciniglia marezzata degli agrumi (*Coccus pseudomagnoliarum*), il cotonello (*Planococcus citri)* e il cotonello citrofilo (*Pseudococcus calceolariae*).

Si riconoscono grazie al corpo rivestito di sostanze che formano uno scudo protettivo di forma e colore tipici per ogni specie.

Formano incrostazioni sui rami e sulla pagina inferiore delle foglie e danneggiano i frutti con le loro punture, riconoscibili perché provocano alterazioni nel colore della buccia.

Oltre ai danni diretti sui frutti e la sottrazione della linfa, provocano danni indiretti causati dalla emissione di melata che imbratta la vegetazione e favorisce lo sviluppo di fumaggini.

▶ VEDI CAP. 2 **Avversità comuni**

Minatrice serpentina o fillominatrice degli agrumi

(Phyllocnistis citrella)

RICONOSCIMENTO Le larve di questo piccolo lepidottero scavano delle mine nelle foglie nutrendosi a spese della epidermide.

Le mine causano accartocciamenti e disseccamenti fogliari, fino a provocarne la caduta nel caso di attacchi particolarmente gravi. Le mine possono essere scavate anche sui germogli e sui rametti erbacei più teneri.

I danni sono particolarmente gravi sulle piante in allevamento, sui reinnesti o su piante che sono già deboli.

L'insetto compie da 5 a 13 generazioni all'anno, ma è particolarmente pericoloso durante l'accrescimento dei frutti (estate-autunno).

CURE COLTURALI E PRATICHE DI PREVENZIONE Le aree di compensazione ecologica e la presenza del cotico erboso favoriscono la presenza degli antagonisti della minatrice serpentina assicurando un importante aiuto nel controllo di questo parassita.

È possibile proteggere le piante in allevamento e i reinnesti con reti antinsetto ▶ di tipo pesante, a maglia 15x11 mm, o con tessuto non tessuto, eventualmente dopo aver effettuato un trattamento preventivo con olio minerale bianco ▶ all'1%.

▶ VEDI CAP. 7 Trappole, recinzioni coperture e altri sistemi di protezione

▶ VEDI CAP. 3 Prodotti fitosanitari vegetali e minerali

ORGANISMI UTILI I lanci dell'imenottero *Ageniaspis citricola*, ▶ possono assicurare fino al 90% di parassitizzazione larvale.

▶ VEDI CAP. 6 Organismi utili

TRATTAMENTI Tranne casi eccezionali, si interviene solo su impianti giovani o su reinnesti, trattando con Azadiractina ▶ addizionata a olio bianco estivo come bagnante appena si ravvisa la presenza di danni provocati dalla minatrice serpentina.

▶ VEDI CAP. 3 Prodotti fitosanitari vegetali e minerali

▶ VEDI CAP. 2 Avversità comuni

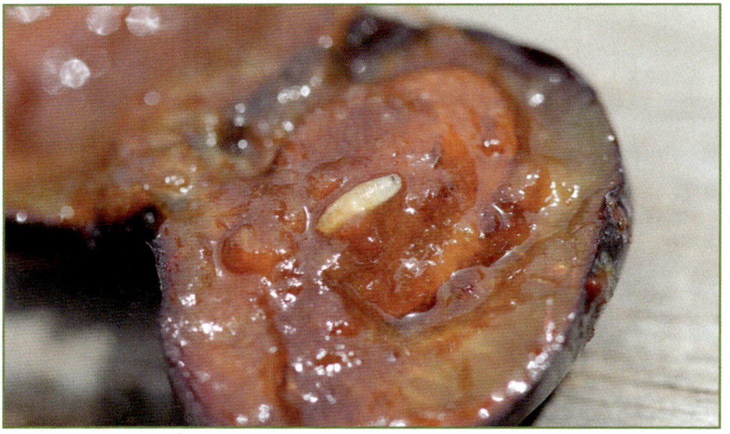

Mosca della ciliegia *(Rhagoletis cerasi)*

RICONOSCIMENTO Gli adulti misurano 3-4 mm di lunghezza, hanno il corpo nerastro, con la parte del torace giallo-ocra. Le ali sono trasparenti e presentano chiazze scure trasversali. Le larve biancastre e lunghe fino a 5-6 mm vivono all'interno dei frutti di cui si nutrono.

La mosca del ciliegio sverna nel terreno, a circa 10 cm di profondità. L'inizio del volo degli adulti coincide di solito con l'invaiatura (cioè il momento in cui le ciliegie iniziano a diventare gialle) delle varietà precoci. Dopo 1-2 settimane le femmine iniziano a deporre le uova all'interno dei frutti e nel giro di un mese si manifestano i danni. Le ciliegie infestate si riconoscono perché nella zona in cui sono presenti le larve la buccia è più scura e la consistenza è più molle. Le larve mature si lasciano cadere al suolo, dove si riparano fino all'inverno successivo. I danni maggiori sono a carico delle varietà medio-tardive. Il ciliegio acido non è attaccato dalla mosca.

La gravità del danno non è costante, ma in alcune annate la mosca può causare la perdita di tutta la produzione.

CURE COLTURALI Il controllo del parassita può essere ottenuto proteggendo la chioma delle piante con una rete antinsetto ▶ in modo da evitare la deposizione delle uova nei frutti.

▶ VEDI CAP. 7
Trappole, recinzioni coperture e altri sistemi di protezione

TRAPPOLE Le trappole cromotropiche ▶ gialle o le trappole di tipo alimentare (migliori perché più selettive) posizionate preferibilmente nella parte rivolta a sud/sud-est della chioma possono essere utilizzate per la cattura massale ottenendo una significativa riduzione della popolazione del parassita.

▶ VEDI CAP. 7
Trappole, recinzioni, coperture e altri sistemi di protezione

PREPARATI VEGETALI Appena iniziano le catture è possibile irrorare la chioma con caolino, ▶ che esplica un buon effetto repellente.

▶ VEDI CAP. 5
Rimedi naturali

TRATTAMENTI I trattamenti con prodotti a base di Spinosad ▶ e di un attrattivo alimentare si eseguono a partire dalla invaiatura, appena si iniziano a catturare gli adulti nelle trappole per il monitoraggio, irrorando solo la parte della chioma esposta a sud/sud-est. Si ripetono ogni 6-8 giorni finché continuano le catture. Dopo le piogge è necessario ripetere il trattamento.

▶ VEDI CAP. 3
Prodotti fitosanitari vegetali e minerali

Afide nero *(Myzus cerasi)*

RICONOSCIMENTO Questo afide di colore nero lucido passa l'inverno come uovo, nelle screpolature della corteccia, in prossimità delle gemme. A partire dalla ripresa vegetativa attacca la vegetazione e i frutti sviluppando 8-10 generazioni pericolose soprattutto per le piante giovani. Infatti, gli afidi colpiscono i getti, provocando l'accartocciamento e/o il disseccamento delle foglie a cui segue una crescita stentata o nulla dei getti, oppure una loro malformazione. Ulteriori danni sono provocati dalla produzione della melata (sostanza zuccherina) che imbratta i frutti e facilita l'instaurarsi di malattie fungine.

CURE COLTURALI E PRATICHE DI PREVENZIONE Tutte le azioni rivolte a favorire la biodiversità dell'agroecosistema, ad esempio la presenza di siepi in prossimità del frutteto o gli sfalci alternati dell'erba, favoriscono la presenza di organismi utili che contribuiscono al controllo degli afidi. Sulle piante giovani è importante anche limitare l'attività delle formiche: questi insetti "pascolano" gli afidi, spostandoli da un getto all'altro e difendendoli dai loro predatori e parassiti. Le strisce collose applicate alla base dei tronchi impediscono alle formiche di risalire l'albero.

ORGANISMI UTILI I lanci dei predatori *Adalia bipunctata* e *Chrysoperla carnea* ▶ possono essere abbinati a quelli degli iperparassiti del genere *Aphidius* per ottenere un buon controllo degli afidi. Questi lanci possono avere anche l'obiettivo di introdurre questi organismi utili nel frutteto o di aumentare la loro popolazione.

▶ VEDI CAP. 6
Organismi utili

PRODOTTI NATURALI Sulle piante giovani l'impiego di preparati repellenti a base di assenzio, aglio, lavanda, felce e/o tanaceto ▶ può ritardare o impedire l'attività degli afidi. I trattamenti a base di sapone Marsiglia ▶ sono efficaci nel ridurre la popolazione degli afidi quando assicurano la copertura delle colonie del parassita.

▶ VEDI CAP. 4
Preparati vegetali

▶ VEDI CAP. 5
Rimedi naturali

TRATTAMENTI I getti colpiti possono essere trattati prima che le foglie si accartoccino impedendo il contatto fra parassita e antiparassitario. Si possono utilizzare sapone molle di potassio, olio bianco estivo, ▶ *Beauveria bassiana*,

▶ VEDI CAP. 3
Prodotti fitosanitari vegetali e minerali

Azadiractina o piretro ▸ intervenendo sui focolai di infestazioni a partire dalla caduta dei petali. Il trattamento è fondamentale negli impianti giovani appena si accerta che il 2-3% dei getti della pianta è stato colpito dall'afide.

▸ VEDI CAP. 8 Prodotti fitosanitari microbiologici

Monilia *(Monilia laxa e Monilia fructigena)*

RICONOSCIMENTO L'infezione è causata da funghi del genere *Monilia*. I fiori colpiti imbruniscono e seccano, talvolta coprendosi di una muffa grigia. I rametti manifestano tacche depresse che possono fessurarsi longitudinalmente; la parte terminale del rametto muore, mentre le foglie inserite in quella parte avvizziscono rimanendo pendule sul rametto stesso. I frutticini marciscono e si ricoprono di una muffa grigia, mentre sui frutti in maturazione si formano macchie rotondeggianti marcescenti di colore bruno, su cui si differenziano cuscinetti concentrici giallo-ocra. Successivamente si assiste alla loro mummificazione.
La prima infezione avviene anche con temperature relativamente basse prima dell'apertura dei fiori, se la pianta rimane bagnata per qualche ora (non sono necessarie le piogge). Le infezioni possono continuare fino a quando le temperature non superano i 27-28° C.
Nelle primavere molto piovose e umide questa avversità può distruggere completamente i fiori e colpire tutti i frutti.

▸ VEDI CAP. 2 Avversità comuni

Corineo o vaiolatura o impallinatura o gommosi parassitaria *(Stigmina carpophila)*

RICONOSCIMENTO Il fungo si manifesta sulle foglie provocando piccole tacche rosso-violacee circondate da un alone.

Le parti attaccate tendono a staccarsi lasciando la foglia bucherellata. Sui rami provoca fessurazioni dalle quali fuoriesce un essudato gommoso.

I frutti colpiti presentano inizialmente piccole macchie rossastre, che prima della maturazione evolvono in incrostazioni gommose.

Le stagioni con un andamento climatico umido favoriscono lo sviluppo del patogeno.

▶ VEDI CAP. 2 Avversità comuni

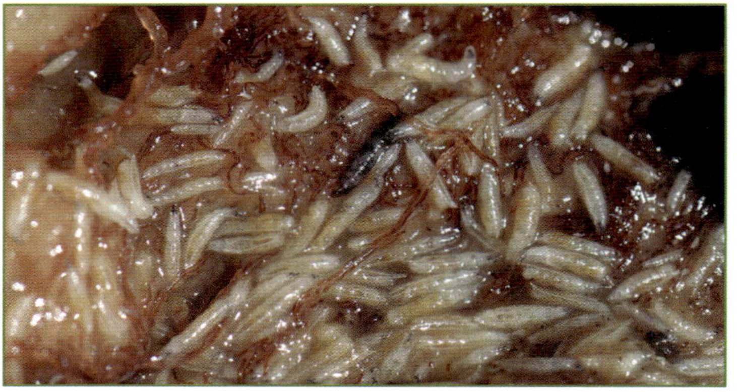

Moscerino dei piccoli frutti *(Drosophila suzukii)*

RICONOSCIMENTO Questo insetto, di recente introduzione in Italia, si caratterizza per gli occhi grandi e rossi, e il corpo color miele con strisce più scure sull'addome.

Ogni femmina può deporre fino a 400 uova all'interno dei frutti, provocando una lacerazione del tessuto, che porta in breve tempo al disfacimento della polpa. Le larve sono bianche e raggiungono i 3-4 mm di lunghezza. La *Drosophila* può compiere 10-13 generazioni all'anno.

▸ VEDI CAP. 2 **Avversità comuni**

Storni

Uccelli

RICONOSCIMENTO Gli uccelli danneggiano prevalentemente i frutti maturi. Le specie più dannose sono i merli e gli storni. Le ciliegie possono essere beccate sul posto oppure venire prelevate e trasportate col becco in un luogo appartato o nel nido per cibare se stessi o la prole.

I danni possono essere causati anche da altri volatili, in particolare le passere, che amano becchettare le ciliegie.

▸ VEDI CAP. 2 **Avversità comuni**

Mosca della frutta *(Ceratitis capitata)*

RICONOSCIMENTO La mosca della frutta è lunga 4-6 mm con occhi verdastri, torace grigio-giallastro, ali membranose con macchie colore giallo-ocra, e addome di colore giallo-arancio con barre trasversali grigio argentee.
Le larve sono biancastre e si nutrono dei frutti sviluppandosi al loro interno.
È un insetto pericoloso soprattutto nelle regioni più calde, ma a volte causa danni anche nelle coltivazioni del Nord Italia.
Di solito sverna come pupa nel terreno, a circa 10 cm di profondità e ogni anno compie un numero di generazioni che, nel Sud Italia, arriva fino a 6-7.
La femmina depone le uova all'interno dei frutti in maturazione, cioè quando aumenta il loro contenuto di zuccheri e diminuisce la loro acidità.
I sintomi si manifestano due-tre settimane prima della maturazione e il decorso dell'infestazione è estremamente rapido: in pochi giorni il frutto viene distrutto dall'attività delle larve, che provocano il disfacimento e la marcescenza della polpa.

▶ VEDI CAP. 2 **Avversità comuni**

Vespe e calabroni *(Vespa spp.)*

RICONOSCIMENTO Le vespe sono insetti sociali lunghi da 10 a 50 mm, con il corpo bruno o nero a strisce gialle. Il calabrone (*Vespa crabro*) è la più grande vespa sociale presente in Europa.

Si nutrono del nettare dei fiori e di piccoli insetti, ma alla fine della stagione estiva ricercano gli zuccheri disponibili nei frutti, in particolare in quelli già lesionati da altre avversità. Le vespe muoiono al sopraggiungere dei primi freddi.

La presenza di vespe e calabroni sulle piante vicine alle abitazioni rappresenta un pericolo per gli uomini, perché la puntura di questi insetti può scatenare forme allergiche anche gravi.

▸ VEDI CAP. 2 Avversità comuni

Mosca della frutta *(Ceratitis capitata)*

RICONOSCIMENTO La mosca della frutta è lunga 4-6 mm con occhi verdastri, torace grigio-giallastro, ali membranose con macchie colore giallo-ocra, e addome di colore giallo-arancio con barre trasversali grigio argentee.
Le larve sono biancastre e si nutrono dei frutti sviluppandosi al loro interno.
È un insetto pericoloso soprattutto nelle regioni più calde, ma a volte causa danni anche nelle coltivazioni del Nord Italia.
Di solito sverna come pupa nel terreno, a circa 10 cm di profondità e ogni anno compie un numero di generazioni che, nel Sud Italia, arriva fino a 6-7.
La femmina depone le uova all'interno dei frutti in maturazione, cioè quando aumenta il loro contenuto di zuccheri e diminuisce la loro acidità; di solito questo accade all'invaiatura, quando i frutti iniziano a virare di colore.
I sintomi si manifestano due-tre settimane prima della maturazione e il decorso dell'infestazione è estremamente rapido: in pochi giorni il frutto viene distrutto dall'attività delle larve, che provocano il disfacimento e la marcescenza della polpa.

▸ VEDI CAP. 2 Avversità comuni

Muffa grigia *(Botrytis cinerea)*

RICONOSCIMENTO La muffa grigia è un fungo ubiquitario e poco specializzato, che penetra nei tessuti vegetali principalmente attraverso lesioni già esistenti.
I frutti colpiti presentano un diffuso marciume molle e, se la stagione ha un decorso umido e piovoso, in pochi giorni si ricoprono di un tappeto di micelio color grigio topo, altrimenti disseccano.
La botrite colpisce anche gli organi verdi della pianta provocando macchie bruno chiaro sui fusti e meno frequentemente sulle foglie, a partire dal margine fogliare.
Gli attacchi sono particolarmente gravi in prossimità della raccolta e in stagioni con andamenti piovosi.

CURE COLTURALI Le cultivar rifiorenti sono più soggette agli attacchi botritici, perché producono anche durante l'autunno. In questo caso l'installazione di coperture parapioggia ▶ riesce quasi ad azzerare il rischio di danni.

RIMEDI NATURALI L'utilizzo di bicarbonato di sodio ▶ riduce i danni da botrite.

TRATTAMENTI Quando l'andamento climatico in prossimità della raccolta è piovoso, si possono eseguire trattamenti in preraccolta con zolfo ▶, bentonite o zolfo più bentonite ▶, *Trichoderma harzianum*, *Bacillus subtilis* oppure con bicarbonato di potassio ▶ addizionato a un olio estivo.

▶ VEDI CAP. 7
Trappole, recinzioni, coperture e altri sistemi di protezione

▶ VEDI CAP. 5
Rimedi naturali

▶ VEDI CAP. 3
Prodotti fitosanitari vegetali e minerali

▶ VEDI CAP. 5
Rimedi naturali

▶ VEDI CAP. 3
Prodotti fitosanitari vegetali e minerali

Moscerino dei piccoli frutti *(Drosophila suzukii)*

RICONOSCIMENTO Questo insetto, di recente introduzione in Italia, si caratterizza per gli occhi grandi e rossi e il corpo color miele con strisce più scure sull'addome.
Ogni femmina può deporre fino a 400 uova all'interno dei frutti, provocando una lacerazione del tessuto, che porta in breve tempo al disfacimento della polpa. Le larve sono bianche e raggiungono i 3-4 mm di lunghezza. La *Drosophila* può compiere 10-13 generazioni all'anno.

▶ VEDI CAP. 2 **Avversità comuni**

Phytophthora del lampone *(Phytophthora fragariae var. rubi)*

RICONOSCIMENTO Questo fungo può sopravvivere per molti anni come spora nel terreno. Quando si presentano condizioni favorevoli, le spore germinano provocando i seguenti sintomi: sui polloni le punte dei getti seccano; le foglie scolorano, seccano e i getti muoiono a partire dall'inizio della primavera; le radici assumono una colorazione scura ed emettono poche radichet-

te. Questi danni procedono fino a determinare la morte della pianta.
Il rischio è alto dove si formano anche occasionalmente ristagni idrici e quando, in primavera e autunno, la temperatura del suolo si attesta fra i 12 e i 16° C.

CURE COLTURALI Tutti gli interventi rivolti a evitare ristagni idrici in prossimità delle piante riducono il rischio di infezioni. Nel caso si riconoscessero i sintomi su una pianta è necessario eliminarla immediatamente e disinfettare la buca di scavo con zolfo e calce. ▶

▶ VEDI CAP. 3
Prodotti fitosanitari vegetali e minerali

TRATTAMENTI Non si conoscono prodotti fitosanitari (anche chimici) efficaci contro questa malattia.

Didimella *(Didymella applanata)*

RICONOSCIMENTO Questo fungo si manifesta con macchie bruno-violette intorno alle gemme dei polloni. In inverno, le macchie diventano di colore grigio-argento con piccole pustole nere.
Le gemme colpite sbocciano male o non sbocciano affatto.

CURE COLTURALI Favorire l'arieggiamento dell'impianto e limitare la competizione delle erbe spontanee riduce i rischi di infezioni da didimella.

TRATTAMENTI Si utilizzano prodotti a base di rame ▶ intervenendo quando compaiono i sintomi e le condizioni climatiche sono favorevoli allo sviluppo della malattia (temperature e umidità elevate).

▶ VEDI CAP. 3
Prodotti fitosanitari vegetali e minerali

Marciume del colletto, gommosi e allupatura degli agrumi *(Phytophthora spp.)*

RICONOSCIMENTO Gli attacchi dei funghi della specie *Phytophthora* provocano la formazione di una macchia di umido sulla corteccia alla base del tronco. La macchia poi si fessura con fuoriuscita di essudati gommosi. Anche sulla corteccia delle radici più grandi si formano rigonfiamenti e lesioni con sacche di gomma.

La chioma subisce un deperimento generalizzato reso evidente dalla clorosi lungo le nervature e sul lembo fogliare, dalla caduta delle foglie, dal disseccamento dei rami, dalla fioritura scarsa e dalla produzione di frutti di piccola pezzatura.

Quando le lesioni corticali si estendono fino ad interessare tutta la circonferenza del tronco, la pianta muore.

Il fungo colpisce anche i frutti, causando la allupatura: il frutto diventa molle, si ricopre di una muffa brunastra ed emana un odore rancido.

CURE COLTURALI E PRATICHE DI PREVENZIONE L'allontanamento tempestivo dei frutti ammalati e caduti al suolo riduce il potenziale di inoculo dei patogeni.

RIMEDI NATURALI L'impiego della pasta per tronchi ▶ disinfettante durante il periodo di riposo vegetativo contribuisce a controllare lo sviluppo del patogeno.

▶ VEDI CAP. 5
Rimedi naturali

TRATTAMENTI Le parti del tronco che presentano sintomi possono essere spennellate impiegando una poltiglia ottenuta mescolando un prodotto rameico (di solito ossicloruro o poltiglia bordolese) ▶ all'acqua alla dose di 6 kg di rame per 100 litri di acqua, a partire dalla ripresa vegetativa quando l'andamento climatico è piovoso.

▶ VEDI CAP. 3
Prodotti fitosanitari vegetali e minerali

Quando i sintomi compaiono anche sui frutti si interviene trattando la parte bassa della chioma, i frutti e il cotico erboso sottostante la chioma con prodotti rameici.

Mal secco *(Phoma tracheiphila)*

RICONOSCIMENTO I primi sintomi della malattia si manifestano sulle foglie apicali che mostrano decolorazioni e ingiallimenti soprattutto in corrispondenza delle nervature. Successivamente le foglie cadono e i rametti seccano. Quando l'infezione parte dalle radici, la pianta muore in breve tempo e il fungo si riconosce dalla colorazione salmone assunta dal legno infetto. Anche cedro e bergamotto sono sensibili al mal secco.

CURE COLTURALI Le parti aeree malate vanno asportate e bruciate. Il taglio si esegue almeno 30 cm sotto la parte secca, in giornate asciutte della tarda primavera. Si devono eliminare anche i polloni presenti sotto l'innesto. Gli attrezzi utilizzati vanno accuratamente disinfettati. Le piante infette vanno estirpate e la buca va trattata con calce e zolfo. ▶

▶ VEDI CAP. 3 Prodotti fitosanitari vegetali e minerali

RIMEDI NATURALI L'uso di propoli ▶ favorisce la cicatrizzazione delle lesioni provocate dalla grandine o da altri agenti, riducendo il rischio d'infezione. L'impiego della pasta per tronchi ▶ disinfettante durante il periodo di riposo vegetativo contribuisce a controllare lo sviluppo del patogeno.

▶ VEDI CAP. 5 Rimedi naturali

▶ VEDI CAP. 5 Rimedi naturali

TRATTAMENTI La difesa si basa sui trattamenti con prodotti rameici, ▶ da eseguire nel periodo da frutto maturo a riposo. Gli interventi vanno ripetuti ogni 40-45 giorni e subito dopo eventi climatici che determinano ferite alle foglie (grandinate, vento forte ecc.).

▶ VEDI CAP. 3 Prodotti fitosanitari vegetali e minerali

Ceroplastes sinensis

Cocciniglie degli agrumi

RICONOSCIMENTO Si tratta di numerose specie di insetti parassiti appartenenti alla superfamiglia Coccoidea: la Cocciniglia rosso forte (*Aonidiella aurantii*), la cocciniglia bianca del limone (*Aspidiotus nerii*), la Cocciniglia mezzo grano di pepe (*Saissetia oleae*), la cocciniglia a virgola (*Mytilococcus beckii*), la cocciniglia serpetta degli agrumi (*Mytilococcus gloverii*), la cocciniglia elmetto degli agrumi (*Ceroplastes sinensis*), la cocciniglia piatta degli agrumi (*Coccus hesperidum*), la cocciniglia marezzata degli agrumi (*Coccus pseudomagnoliarum*), il cotonello (*Planococcus citri*) e il cotonello citrofilo (*Pseudococcus calceolariae*).

Si riconoscono grazie al corpo rivestito di sostanze che formano uno scudo protettivo di forma e colore tipici per ogni specie. Formano incrostazioni sui rami e sulla pagina inferiore delle foglie e danneggiano i frutti con le loro punture, riconoscibili perché provocano alterazioni nel colore della buccia. Oltre ai danni diretti sui frutti e la sottrazione della linfa, provocano danni indiretti causati dalla emissione di melata che imbratta la vegetazione e favorisce lo sviluppo di fumaggini.

▸ VEDI CAP. 2 Avversità comuni

Minatrice serpentina o fillominatrice degli agrumi

(Phyllocnistis citrella)

RICONOSCIMENTO Le larve di questo piccolo lepidottero scavano delle mine nelle foglie nutrendosi a spese della epidermide. Le mine causano accartocciamenti e disseccamenti fogliari, fino a provocarne la caduta nel caso di attacchi particolarmente gravi. Le mine possono essere scavate anche sui germogli e sui rametti erbacei più teneri.
I danni sono particolarmente gravi sulle piante in allevamento, sui reinnesti o su piante che sono già deboli.
L'insetto compie da 5 a 13 generazioni all'anno, ma è particolarmente pericoloso durante l'accrescimento dei frutti (estate-autunno).

CURE COLTURALI E PRATICHE DI PREVENZIONE Le aree di compensazione ecologica e la presenza del cotico erboso favoriscono la presenza degli antagonisti della minatrice serpentina assicurando un importante aiuto nel controllo di questo parassita.
È possibile proteggere le piante in allevamento e i reinnesti con reti antinsetto ▶ di tipo pesante, a maglia 15x11 mm, o con tessuto non tessuto, eventualmente dopo aver effettuato un trattamento preventivo con olio minerale bianco ▶ all'1%.

▶ VEDI CAP. 7
Trappole, recinzioni coperture e altri sistemi di protezione

▶ VEDI CAP. 3
Prodotti fitosanitari vegetali e minerali

ORGANISMI UTILI I lanci dell'imenottero *Ageniaspis citricola*, ▶ possono assicurare fino al 90% di parassitizzazione larvale.

▶ VEDI CAP. 6
Organismi utili

TRATTAMENTI Tranne casi eccezionali, si interviene solo su impianti giovani o su reinnesti, trattando con Azadiractina ▶ addizionata a olio bianco estivo come bagnante appena si ravvisa la presenza di danni provocati dalla minatrice serpentina.

▶ VEDI CAP. 3
Prodotti fitosanitari vegetali e minerali

Marciume del colletto, gommosi e allupatura degli agrumi *(Phytophthora spp.)*

RICONOSCIMENTO Gli attacchi dei funghi della specie *Phytophthora* provocano la formazione di una macchia di umido sulla corteccia alla base del tronco. La macchia poi si fessura con fuoriuscita di essudati gommosi. Anche sulla corteccia delle radici più grandi si formano rigonfiamenti e lesioni con sacche di gomma.

La chioma subisce un deperimento generalizzato reso evidente dalla clorosi lungo le nervature e sul lembo fogliare, dalla caduta delle foglie, dal disseccamento dei rami, dalla fioritura scarsa e dalla produzione di frutti di piccola pezzatura.

Quando le lesioni corticali si estendono fino ad interessare tutta la circonferenza del tronco, la pianta muore.

Il fungo colpisce anche i frutti, causando la allupatura: il frutto diventa molle, si ricopre di una muffa brunastra ed emana un odore rancido.

CURE COLTURALI E PRATICHE DI PREVENZIONE L'allontanamento tempestivo dei frutti ammalati e caduti al suolo riduce il potenziale di inoculo dei patogeni.

RIMEDI NATURALI L'impiego della pasta per tronchi ▶ disinfettante durante il periodo di riposo vegetativo contribuisce a controllare lo sviluppo del patogeno.

▶ VEDI CAP. 5
Rimedi naturali

TRATTAMENTI Le parti del tronco che presentano sintomi possono essere spennellate impiegando una poltiglia ottenuta mescolando un prodotto rameico (di solito ossicloruro o poltiglia bordolese) ▶ all'acqua alla dose di 6 kg di rame per 100 litri di acqua, a partire dalla ripresa vegetativa quando l'andamento climatico è piovoso.

▶ VEDI CAP. 3
Prodotti fitosanitari vegetali e minerali

Quando i sintomi compaiono anche sui frutti si interviene trattando la parte bassa della chioma, i frutti e il cotico erboso sottostante la chioma con prodotti rameici.

Afidi *(Aphis spiraecola, Toxoptera aurantii, Aphis gossypii)*

RICONOSCIMENTO Sono molti gli afidi che aggrediscono gli agrumi. I più dannosi sono l'afide verde degli agrumi (*Aphis spiraecola*), l'afide bruno degli agrumi (*Toxoptera aurantii*) e l'afide del cotone (*Aphis gossypii*). L'afide verde degli agrumi attacca soprattutto arancio, mandarino e clementine. Si riconosce per il colore verdognolo e per i sifoni e la codicola di colore brunastro. I danni si manifestano principalmente su foglie e germogli dove provoca accartocciamenti fogliari e ostacola lo sviluppo della pianta. Può essere responsabile anche della colatura dei fiori e della cascola dei frutticini.

L'afide bruno è di colore rosso, nero o marrone. Sugli agrumi provoca la deformazione delle foglie, senza accartocciamenti vistosi.

L'afide del cotone presenta colorazioni variabili giallastre, verdognole, ma anche grigiastro scuro. Infesta soprattutto aranci, mandarini, clementine.

Tutti gli afidi producono un'abbondante melata che imbratta la vegetazione e favorisce lo sviluppo di fumaggini. Infine, spesso sono responsabili della diffusione di virosi come ad esempio la *Tristeza*.

CURE COLTURALI E PRATICHE DI PREVENZIONE Le aree di compensazione ecologica e la presenza del cotico erboso favoriscono la presenza di numerosi predatori e parassiti degli afidi che forniscono un importante aiuto nel controllo di questi parassiti.

Applicare al tronco fasce di plastica o di alluminio cosparse di colla, in modo da impedire la risalita delle formiche che "allevano" gli afidi riduce la diffusione dei parassiti. L'attività delle formiche può essere disturbata anche spennellando di calce il tronco e/o distruggendo i formicai con la lavorazione del terreno oppure coltivando, in prossimità delle piante da proteggere, essenze odorose che disturbano le formiche, come la lavanda, il tanaceto e l'assenzio. ▶

▶ VEDI CAP. 4
Preparati vegetali

ORGANISMI UTILI I lanci dei predatori *Adalia bipunctata* e *Chrysoperla carnea* ▶ possono essere abbinati a quelli degli iperparassiti del genere Aphidius per

▶ VEDI CAP. 6
Organismi utili

ottenere un buon controllo degli afidi. Questi lanci possono avere anche l'obiettivo di introdurre questi organismi utili nel frutteto o di aumentare la loro popolazione.

RIMEDI NATURALI L'impiego di preparati repellenti a base di assenzio, aglio, lavanda, felce e/o tanaceto ▶ può ritardare o impedire l'attività degli afidi. I trattamenti a base di sapone di Marsiglia ▶ sono efficaci nel ridurre la popolazione degli afidi quando assicurano la copertura delle colonie del parassita.

▶ VEDI CAP. 4 Preparati vegetali

▶ VEDI CAP. 5 Rimedi naturali

TRATTAMENTI Le piante giovani e i reinnesti sono particolarmente suscettibili agli attacchi degli afidi. I trattamenti contro gli afidi vanno quindi limitati solo a queste piante. Si interviene alla ripresa vegetativa primaverile, quando i getti colpiti da afide verde sono più del 5% sul mandarino o più del 10% sull'arancio, oppure quando i germogli colpiti da afide bruno o afide del cotone sono più del 25%. Di solito si usa una miscela insetticida composta da piretro e olio bianco estivo. ▶ In alternativa si può trattare con un prodotto a base di *Beauveria bassiana*, ▶ soprattutto se è necessario ripetere l'intervento.

▶ VEDI CAP. 3 Prodotti fitosanitari vegetali e minerali

▶ VEDI CAP. 8 Prodotti fitosanitari microbiologici

Cocciniglie degli agrumi

RICONOSCIMENTO Si tratta di numerose specie di insetti parassiti appartenenti alla superfamiglia Coccoidea: la Cocciniglia rosso forte (*Aonidiella aurantii*), la cocciniglia bianca del limone (*Aspidiotus nerii*), la Cocciniglia mezzo grano di pepe (*Saissetia oleae*), la cocciniglia a virgola (*Mytilococcus beckii*), la cocciniglia serpetta degli agrumi (*Mytilococcus gloverii*), la cocciniglia elmetto degli agrumi (*Ceroplastes sinensis*), la cocciniglia piatta degli agrumi (*Coccus hesperidum*), la cocciniglia marezzata degli agrumi (*Coccus pseudomagnoliarum*), il cotonello (*Planococcus citri*) e il cotonello citrofilo (*Pseudococcus calceolariae*).

Si riconoscono grazie al corpo rivestito di sostanze che formano uno scudo protettivo di forma e colore tipici per ogni specie. Formano incrostazioni sui rami e sulla pagina inferiore delle foglie e danneggiano i frutti con le loro punture, riconoscibili perché provocano alterazioni nel colore della buccia.

▶ VEDI CAP. 2 Avversità comuni

Minatrice serpentina o fillominatrice degli agrumi

(Phyllocnistis citrella)

RICONOSCIMENTO Le larve di questo piccolo lepidottero scavano delle mine nelle foglie nutrendosi a spese della epidermide. Le mine causano accartocciamenti e disseccamenti fogliari, fino a provocarne la caduta nel caso di attacchi particolarmente gravi. Le mine possono essere scavate anche sui germogli e sui rametti erbacei più teneri.

I danni sono particolarmente gravi sulle piante in allevamento, sui reinnesti o su piante che sono già deboli.

L'insetto compie da 5 a 13 generazioni all'anno, ma è particolarmente pericoloso durante l'accrescimento dei frutti (estate-autunno).

CURE COLTURALI E PRATICHE DI PREVENZIONE Le aree di compensazione ecologica e la presenza del cotico erboso favoriscono la presenza degli antagonisti della minatrice serpentina assicurando un importante aiuto nel controllo di questo parassita.

È possibile proteggere le piante in allevamento e i reinnesti con reti antinsetto ▶ di tipo pesante, a maglia 15x11 mm, o con tessuto non tessuto, eventualmente dopo aver effettuato un trattamento preventivo con olio minerale bianco ▶ all'1%.

▶ VEDI CAP. 7 Trappole, recinzioni coperture e altri sistemi di protezione

▶ VEDI CAP. 3 Prodotti fitosanitari vegetali e minerali

ORGANISMI UTILI I lanci dell'imenottero *Ageniaspis citricola*, ▶ possono assicurare fino al 90% di parassitizzazione larvale.

▶ VEDI CAP. 6 Organismi utili

TRATTAMENTI Tranne casi eccezionali, si interviene solo su impianti giovani o su reinnesti, trattando con Azadiractina ▶ addizionata a olio bianco estivo come bagnante appena si ravvisa la presenza di danni provocati dalla minatrice serpentina.

▶ VEDI CAP. 3 Prodotti fitosanitari vegetali e minerali

▶ VEDI CAP. 2 Avversità comuni

Bolla del pesco *(Taphrina deformans)*

RICONOSCIMENTO Il fungo danneggia soprattutto le foglie sulle quali si manifestano bollosità localizzate inizialmente vicino alla nervatura centrale. In seguito le bollosità confluiscono aumentando di volume e assumono una colorazione rossastra, mentre i tessuti diventano di consistenza carnosa.
I danni sui fiori si manifestano con deformazioni e il successivo aborto. La bolla può provocare una defogliazione completa in primavera. Successivamente la pianta riesce a riprendersi e ad emettere nuove foglie, ma la produzione e la vitalità ne risentono negativamente.
L'infezione inizia appena riprende l'attività vegetativa, quando le temperature raggiungono i 7-8° C e la pianta rimane bagnata per qualche ora (non sono necessarie le piogge).
Le primavere fredde e piovose favoriscono lo sviluppo del fungo. Le infezioni possono continuare fino a quando le temperature non superano i 27-28° C.

CURE COLTURALI E PRATICHE DI PREVENZIONE Il rischio di infezione si riduce raccogliendo le foglie colpite appena si manifesta la malattia e allontanandole dal campo (bruciandole o compostandole).

TRATTAMENTI È fondamentale eseguire un primo trattamento subito prima che le gemme incomincino a muoversi (fase fenologica "gemme gonfie") utilizzando polisolfuro di calcio o prodotti rameici da soli o miscelati a zolfo.▶ Nel caso in cui le piante siano state colpite in modo grave dal parassita nell'anno precedente è opportuno ripetere il trattamento nella fase fenologica di "gemma gonfia" o "bottoni rosa".

▶ VEDI CAP. 3
Prodotti fitosanitari vegetali e minerali

Carpocapsa *(Cydia pomonella)*

RICONOSCIMENTO Gli adulti sono piccole farfalle (15-22 mm di apertura alare) con ali anteriori grigiastre, marezzate con striature bronzee trasversali. Le larve giovani sono biancastre con il capo scuro, poi scuriscono diventando giallastre e infine rosee; la loro lunghezza, a maturità, è di 15-20 mm. Il danno è determinato dalle larve, che penetrano nei frutti e scavano gallerie nella polpa. Questo lepidottero passa l'inverno allo stadio larvale protetto in bozzoli sotto la corteccia. Gli adulti sfarfallano a maggio deponendo le uova sui frutti o sulle foglie. Durante l'anno si compiono due-tre generazioni di carpocapsa (ciclo adulto-uovo-larva). L'ultima generazione si sviluppa tra la fine dell'estate e l'inizio dell'autunno.

CURE COLTURALI E PRATICHE DI PREVENZIONE La copertura della chioma con reti antinsetto (sistema Alt'Carpo) ▶ evita la deposizione delle uova e garantisce un ottimo controllo del parassita. In modo analogo è possibile provvedere alla protezione dei singoli frutti chiudendoli all'inizio di giugno in normali sacchetti di carta bianca. ▶ Questa operazione richiede dai 30 ai 60 secondi per frutto, vale a dire da 1 a 2,5 ore per piante che producono 25-30 kg di mele.

▶ VEDI CAP. 7 Trappole, recinzioni coperture e altri sistemi di protezione

▶ VEDI CAP. 7 Trappole, recinzioni coperture e altri sistemi di protezione

TRAPPOLE Nei piccoli frutteti o per le piante isolate si può ridurre significativamente la popolazione di Carpocapsa raccogliendo le larve svernanti in trappole realizzate applicando cartoni ondulati intorno al tronco delle piante alla fine dell'estate, in modo da raccogliere le larve che vi cercano rifugio per l'inverno. Durante la stagione vegetativa, l'uso di trappole alimentari ▶ può contribuire a ridurre i danni provocati dal parassita.

▶ VEDI CAP. 7 Trappole, recinzioni coperture e altri sistemi di protezione

ORGANISMI UTILI L'impiego di nematodi entomoparassiti (*Steinernema feltiae* e *Steinernema carpocapsae*) ▶ in autunno contribuisce a ridurre in modo significativo la popolazione di Carpocapsa nella stagione successiva. Anche il *Granulosis virus* è riconosciuto efficace contro la Carpocapsa.

▶ VEDI CAP. 6 Organismi utili

RIMEDI NATURALI L'impiego di preparati repellenti a base di assenzio e/o tanaceto ▶ può contribuire a ridurre la presenza di Carpocapsa sui frutti.

▶ VEDI CAP. 4 Preparati vegetali

TRATTAMENTI Se la superficie di coltivazione è pari ad almeno un ettaro è possibile adottare i metodi della confusione o della distrazione sessuale ▶ impiegando erogatori di feromoni.

▶ VEDI CAP. 7 Trappole, recinzioni coperture e altri sistemi di protezione

Gli interventi con prodotti fitosanitari sono rivolti a colpire le larve nel periodo fra la schiusura delle uova e la penetrazione nei frutti. È importante quindi seguire il volo della Carpocapsa direttamente con le trappole a feromoni installate nell'impianto oppure indirettamente attraverso i bollettini fitopatologici della zona. I trattamenti iniziano 7-15 giorni dopo le prime catture e proseguono fino a che prosegue il volo degli adulti. Se le generazioni successive dell'insetto non si sovrappongono è possibile interrompere i trattamenti al cessare delle catture. Per i trattamenti si utilizzano prodotti a base del virus della granulosi o di Spinosad ▶ (al massimo 3 trattamenti per stagione) ripetendoli ogni 7-10 giorni fino a che proseguono le nascite delle larve.

▶ VEDI CAP. 3
Prodotti fitosanitari vegetali e minerali

Ticchiolatura *(Venturia inaequalis)*

RICONOSCIMENTO I danni sulle foglie si manifestano con la formazione di macchie brunastre più o meno tondeggianti e dal contorno ben delimitato. La parte colpita tende con il tempo a seccare e gli attacchi più gravi possono provocare la caduta anticipata delle foglie e la completa defogliazione della pianta.
Sui frutti i sintomi possono comparire in qualsiasi stadio di sviluppo, con la formazione di macchie brune e tondeggianti. Sui frutticini si possono verificare malformazioni e fenditure che possono causarne la caduta. In alcuni casi, i danni si manifestano dopo la raccolta con la formazione di macchioline nerastre sulla buccia.
L'infezione inizia poco dopo la ripresa dell'attività vegetativa del melo e prosegue fino alla caduta delle foglie. Temperature e umidità elevate, accompagnate da lunghi periodi di bagnatura degli organi vegetali, favoriscono la malattia. Se le condizioni sono favorevoli, soprattutto per la prolungata bagnatura della vegetazione, il fungo continua a diffondersi per tutta la stagione grazie alle spore che fuoriescono dagli organi colpiti dalle infezioni primarie.

CURE COLTURALI Considerato che il controllo di questa malattia richiede l'esecuzione sulle varietà più sensibili di 14-20 trattamenti all'anno, è fortemente consigliato l'impiego di varietà resistenti o tolleranti al patogeno.

PREPARATI VEGETALI L'impiego di preparati a base di equiseto ▶ rafforza la pianta contro la ticchiolatura.

▶ VEDI CAP. 4
Preparati vegetali

RIMEDI NATURALI Anche l'impiego in inverno di una pasta per tronchi ▶ preventiva per la ticchiolatura svolge la stessa funzione.

▶ VEDI CAP. 5 Rimedi naturali

TRATTAMENTI Per la difesa si utilizzano composti rameici o polisolfuro di calcio o bicarbonato di potassio. ▶
Per posizionare il primo trattamento è opportuno riferirsi alle indicazioni dei bollettini fitopatologici. Di solito coincide con la fase fenologica "orecchiette di topo", in concomitanza con la fioritura della forsizia.
Dopo il primo trattamento è possibile seguire due strategie: la difesa mirata e la difesa preventiva.

▶ VEDI CAP. 3 Prodotti fitosanitari vegetali e minerali

DIFESA MIRATA si eseguono i trattamenti durante la pioggia e con le foglie bagnate. In questo modo, i prodotti per la difesa (meglio utilizzare il polisolfuro di calcio) giungono sulla foglia appena prima che il fungo penetri negli organi vegetali e svolgono tempestivamente la loro attività fungicida.
Gli interventi possono essere realizzati anche con l'irrigazione soprachioma.

DIFESA PREVENTIVA gli organi vegetali devono essere sempre coperti dal prodotto antiparassitario nel momento in cui inizia la pioggia. Fino a fine giugno, rame ▶ o polisolfuro devono essere distribuiti al massimo 3 giorni prima della pioggia; infatti, se il trattamento è stato eseguito prima, le foglioline più giovani cresciute nel frattempo non sono protette dall'infezione. Il trattamento deve essere ripetuto ogniqualvolta cadono 20-25 mm di pioggia dilavando i prodotti distribuiti precedentemente. Nel caso di piogge prolungate si interviene con polisolfuro entro 24 ore dalla fine delle piogge.
A partire da giugno, dopo che i frutti hanno superato la dimensione di una noce, è possibile evitare i trattamenti se le macchie di ticchiolatura sono presenti su meno del 2-4% dei getti.

▶ VEDI CAP. 3 Prodotti fitosanitari vegetali e minerali

Coccinigia di S. Josè *(Quadraspidiotus perniciosus)*

RICONOSCIMENTO L'insetto trascorre la maggior parte della sua vita protetto da uno scudetto di colore grigio piombo; quello maschile è allungato, mentre quello femminile è tondeggiante.
Sui frutti, i danni si manifestano con puntini rossastri causati dalle punture della cocciniglia.
Questo insetto compie tre generazioni all'anno, durante le quali nascono individui che, trasportati dal vento, si fissano sui rami o sui frutti.

CURE COLTURALI E PRATICHE DI PREVENZIONE Quando il numero di piante è limitato si possono eseguire vigorose spazzolature dei tronchi.

PRODOTTI NATURALI Le spennellature o l'irrorazione dei tronchi con olio vegetale riducono la presenza del fitofago. Anche l'uso di una pasta per tronchi ▶ disinfettante svolge la medesima funzione. L'impiego di preparati repellenti a base di felce contribuisce a ridurre la presenza del parassita.

▶ VEDI CAP. 5 Rimedi naturali

TRATTAMENTI Si interviene quando, alla raccolta, oltre il 5% dei frutti presenta danni da cocciniglia, utilizzando l'olio minerale ▶ prima della ripresa vegetativa della stagione successiva.

▶ VEDI CAP. 3 Prodotti fitosanitari vegetali e minerali

Afide grigio *(Dysaphis plantaginea)*

RICONOSCIMENTO Gli adulti di questo insetto misurano circa 3 mm, hanno colore grigio-violaceo e sono ricoperti da uno strato ceroso grigiastro di aspetto polverulento e pruinoso.
Le forme svernanti diventano attive quando le gemme iniziano ad aprirsi, così i primi danni si manifestano già in fioritura. I frutticini e i getti colpiti presentano gravi deformazioni che ne impediscono lo sviluppo.
La comparsa precoce dell'afide grigio e la sua pericolosità rendono complicato il controllo da parte di predatori e parassiti, che diventano molto attivi solo in un secondo momento, quando i danni più gravi rischiano di essere già compiuti.

CURE COLTURALI Tutte le azioni rivolte a favorire la biodiversità dell'agroecosistema, ad esempio la presenza di siepi in prossimità del frutteto o gli sfalci alternati dell'erba, favoriscono la presenza di organismi utili che contribuiscono al controllo degli afidi. Sulle piante giovani è importante anche limitare l'attività delle formiche, poiché "pascolano" gli afidi, spostandoli da un getto all'altro e difendendoli dai loro predatori e parassiti. Le strisce collose applicate alla base dei tronchi impediscono alle formiche di risalire l'albero.

PREPARATI VEGETALI L'impiego di preparati repellenti a base di assenzio, aglio, lavanda, felce e/o tanaceto ▶ può ritardare o impedire l'attività dell'afide grigio.

▶ VEDI CAP. 4 Preparati vegetali

RIMEDI NATURALI I trattamenti a base di sapone di Marsiglia ▶ sono efficaci se sono localizzati in modo da colpire direttamente le colonie degli insetti.

▶ VEDI CAP. 5 Rimedi naturali

TRATTAMENTI Sugli impianti giovani è opportuno eseguire un intervento preventivo con prodotti a base di Azadiractina ▶ a bottoni rosa. Questo intervento può essere eseguito anche sugli impianti adulti, sui quali diventa fonda-

▶ VEDI CAP. 3 Prodotti fitosanitari vegetali e minerali

mentale solo se nell'anno precedente l'infestazione è stata elevata. I trattamenti devono proseguire a cadenza settimanale fino alla fase di frutticino se i germogli attaccati superano il 2-5%. I trattamenti successivi al primo possono essere eseguiti con Azadiractina (da preferire se le foglie si presentano molto accartocciate) oppure con sapone molle di potassio ▶ o con prodotti a base di *Beauveria bassiana*. ▶

▶ VEDI CAP. 5 **Rimedi naturali**

▶ VEDI CAP. 8 **Prodotti fitosanitari microbiologici**

Ricamatori *(Argyrotaenia pulchellana, Pandemis cerasana, Pandemis heparana, Archips podanus, Archips rosanus)*

RICONOSCIMENTO I ricamatori sono lepidotteri (farfalle) appartenenti a diverse specie. Causano danni alle foglie e all'epidermide dei frutti (i danni si manifestano come "ricami"). Sono presenti nel meleto da metà aprile fino a tutto agosto.

CURE COLTURALI Le reti antinsetto ▶ usate per la carpocapsa agiscono anche contro i ricamatori, evitano la deposizione delle uova su frutti e foglie.

▶ VEDI CAP. 7 **Trappole, recinzioni, coperture e altri sistemi di protezione**

TRATTAMENTI Gli interventi si eseguono sui frutti in accrescimento al superamento delle soglie di intervento verificate con trappole a feromoni ▶ e differenti per ogni specie oppure quando oltre il 2-5% dei frutti presenta "ricami". Si effettuano trattamenti con prodotti a base di *Bacillus thuringiensis*, ripetendoli ogni 7-10 giorni in funzione della presenza del danno e fino a quando proseguono le catture nelle trappole.

▶ VEDI CAP. 7 **Trappole, recinzioni, coperture e altri sistemi di protezione**

Per migliorare l'efficacia del trattamento è meglio controllare che l'acqua abbia un pH di 6-6,5 (eventualmente aggiungere aceto) ▶ e unire alla miscela antiparassitaria olio bianco estivo ▶ alla dose di 300-500 cc/hl (3-5 g/l) e zucchero alla dose di 1 Kg/hl (10 g/l).

▶ VEDI CAP. 5 **Rimedi naturali**

▶ VEDI CAP. 3 **Prodotti fitosanitari vegetali e minerali**

Antonomo *(Anthonomus pomorum)*

RICONOSCIMENTO È un coleottero con un evidente rostro allungato, lungo complessivamente circa 5 mm, di colore bruno-nerastro con una caratteristica fascia ocra a forma di V sulle elitre.

Sverna come adulto e compare appena le gemme si ingrossano. Dopo l'accoppiamento le femmine depongono le uova nei bottoni fiorali.

Dalle uova sgusciano larve che vivono a spese dei fiori. I fiori colpiti non si schiudono e disseccano assumendo un aspetto simile ai chiodi di garofano.

CURE COLTURALI Quando le piante sono poche è possibile procedere alla raccolta degli adulti battendo le piante con un bastone protetto da un rivestimento, per evitare danni ai rami. In seguito alla battitura, gli adulti cadono dalla pianta e possono essere raccolti utilizzando un ombrello rovesciato o un attrezzo analogo.

TRATTAMENTI Poiché non è possibile colpire le larve che compiono il loro ciclo protette all'interno dei fiori, bisogna intervenire sugli adulti riducendone la popolazione in caso di rischio di danni (popolazione elevata e scarsa fioritura).

I trattamenti si effettuano quando si raccolgono 5-10 adulti da una doppia battitura di 25 rami eseguita come se si volesse procedere alla raccolta degli insetti. Si utilizza il piretro ▶ in miscela con olio bianco estivo. Considerata la precocità dell'intervento, i danni alla fauna utile sono molto limitati.

▶ VEDI CAP. 3
Prodotti fitosanitari vegetali e minerali

Oidio *(Podosphaera leucotricha)*

RICONOSCIMENTO Questo fungo danneggia principalmente foglie e germogli, sui quali si forma una polvere bianco-grigiastra costituita dagli organi di riproduzione del fungo. Le foglie colpite possono presentarsi deformate e di colore bruno. Sui frutti l'oidio provoca leggere deformazioni e rugginosità superficiale.

Il fungo sverna nelle gemme e le infezioni iniziano al momento della loro schiusura, proseguendo per tutta l'estate. Il periodo di maggior rischio si conclude a giugno.

CURE COLTURALI La potatura invernale deve tendere a eliminare i rametti colpiti da oidio, cioè di quelli che presentano gemme piccole, appuntite, di colore bruno-nerastro, per ridurre il potenziale di inoculo alla ripresa vegetativa. Anche la raccolta precoce dei germogli colpiti abbassa la pressione del fungo.

PREPARATI VEGETALI I preparati a base di equiseto ▶ e tarassaco contribuiscono a rinforzare le difese delle piante contro l'oidio.

▶ VEDI CAP. 4 **Preparati vegetali**

RIMEDI NATURALI I trattamenti con bicarbonato di sodio o lecitina ▶ possono ridurre i danni provocati dal fungo.

Quando sono presenti i sintomi e le temperature sono elevate l'impiego della miscela NAB ▶ al posto dello zolfo riduce i rischi di fitotossicità.

▶ VEDI CAP. 5 **Rimedi naturali**

▶ VEDI CAP. 5 **Rimedi naturali**

TRATTAMENTI Si interviene solo dopo la caduta dei petali, quando i germogli infestati superano il 2-4%. Si utilizza zolfo ▶ oppure, se le temperature sono inferiori ai 10° C, *Ampelomyces quisqualis*, ▶ ripetendo il trattamento ogni 7-10 giorni se la soglia di intervento viene nuovamente superata. In genere gli interventi cessano comunque alla fine del mese di giugno. L'impiego in autunno di *Ampelomyces quisqualis* permette di ridurre il potenziale di inoculo dell'oidio per la stagione successiva, grazie alla parassitizzazione delle svernanti.

▶ VEDI CAP. 3 **Prodotti fitosanitari vegetali e minerali**

▶ VEDI CAP. 8 **Prodotti fitosanitari microbiologici**

Rodilegno rosso *(Cossus cossus)*

RICONOSCIMENTO Gli adulti sono farfalle con un'apertura alare di 70-100 mm e con ali anteriori grigio-brune striate di scuro. Le larve presentano un dorso rosato o rosso scuro a seconda dell'età, zone ventrali giallastro-ocracee e capo scuro. Raggiungono a maturità la lunghezza di 80-100 mm e scavano gallerie nel legno nella zona del colletto, nelle grosse branche e nel tronco, provocando il deperimento della pianta e la caduta delle parti attaccate. Si riconoscono per la presenza di escrementi e rosura di legno appena fuori dai fori di penetrazione.

▶ VEDI CAP. 2 Avversità comuni

Rodilegno giallo *(Zeuzera pyrina)*

RICONOSCIMENTO Gli adulti sono farfalle con un'apertura alare di 40-70 mm, ali anteriori bianche punteggiate da macchie nerastre o bluastre, torace bianco con 6 grosse macchie bluastre. Le larve, di colore giallastro con file longitudinali di punti nerastri, raggiungono a maturità la lunghezza di 50-60 mm; penetrano nella pianta dagli apici dei germogli, che avvizziscono, poi scavano gallerie nei rami, nelle branche e nei tronchi. Possono entrare e uscire più volte dagli organi colpiti.

▶ VEDI CAP. 2 Avversità comuni

Cornacchia

Uccelli

RICONOSCIMENTO Gli uccelli danneggiano prevalentemente i frutti maturi. La specie più dannosa sono i merli, ma i danni, costituiti da beccate sui frutti, possono essere causati anche da altri volatili, come le ghiandaie e le cornacchie.

▶ VEDI CAP. 2 Avversità comuni

Moscerino dei piccoli frutti *(Drosophila suzukii)*

RICONOSCIMENTO Questo insetto di recente introduzione in Italia si caratterizza per gli occhi grandi e rossi e il corpo color miele con strisce più scure sull'addome.
Ogni femmina può deporre fino a 400 uova all'interno dei frutti, provocando una lacerazione del tessuto che porta in breve tempo al disfacimento della polpa. Le larve sono bianche e raggiungono i 3-4 mm di lunghezza.
La *Drosophila* può compiere 10-13 generazioni all'anno.

▶ VEDI CAP. 2 Avversità comuni

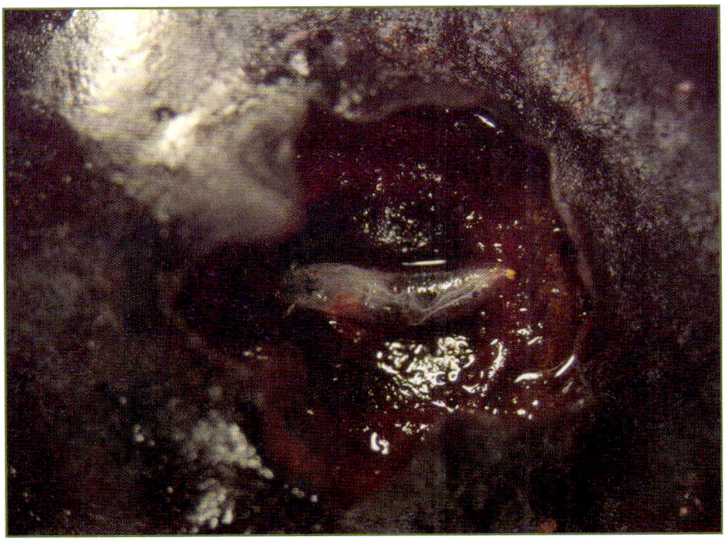

Antracnosi *(Gnomonia leptostyla)*

RICONOSCIMENTO Questa malattia fungina si manifesta con macchie tondeggianti con bordo prima giallo e poi bruno-scuro sulle foglie, sui rami e sui giovani frutti.

PRODOTTI NATURALI L'impiego di pasta per tronchi ▶ disinfettante prima della schiusura delle gemme contribuisce a ridurre i danni del parassita.

▶ VEDI CAP. 5
Rimedi naturali

TRATTAMENTI Si utilizzano prodotti a base di rame ▶ distribuiti dopo la caduta delle foglie, a fine inverno e, se la primavera è molto piovosa, allo stadio di gemme ingrossate.

▶ VEDI CAP. 3
Prodotti fitosanitari vegetali e minerali

Batteriosi *(Xanthomonas campestris pv juglandis)*

RICONOSCIMENTO Questo batterio attacca le foglie, i frutti e i rami. Sulla lamina fogliare e sui frutti si manifesta con piccoli punti neri circondati da un alone sottile impregnato d'acqua. Sui giovani germogli si sviluppano cancri asciutti.

CURE COLTURALI L'impiego di materiale da propagazione sano è importante per evitare la diffusione della malattia.
In caso di presenza del parassita bisogna eliminare con la potatura i rami infetti e bruciarli, ponendo attenzione a non trasmettere l'infezione con le forbici da una pianta all'altra.

PRODOTTI NATURALI L'impiego di pasta per tronchi ▶disinfettante prima della schiusura delle gemme contribuisce a ridurre i danni del parassita.

▶ VEDI CAP. 5
Rimedi naturali

TRATTAMENTI In presenza di sintomi utilizzare prodotti a base di rame ▶ distribuendoli ad apertura gemme su piante adulte, e a caduta foglie e all'apertura delle gemme in impianti giovani. Se la primavera è molto piovosa ripetere il trattamento anche allo stadio "gemme ingrossate".
In impianti con forti infezioni è consigliabile eseguire un ulteriore intervento 7-10 giorni dopo l'ultimo dei trattamenti indicati.

▶ VEDI CAP. 3
Prodotti fitosanitari vegetali e minerali

Carpocapsa *(Cydia pomonella)*

RICONOSCIMENTO Gli adulti sono piccole farfalle (15-22 mm di apertura alare) con ali anteriori grigiastre, marezzate con striature bronzee trasversali. Le larve giovani sono biancastre con il capo scuro, poi inscuriscono diventando giallastre e infine rosee; la loro lunghezza, a maturità, è di 15-20 mm. Il danno è determinato dalle larve, che penetrano nei frutti e scavano gallerie nella polpa.
Questo lepidottero passa l'inverno allo stadio larvale protetto in bozzoli sotto la corteccia. Gli adulti sfarfallano a maggio deponendo le uova sui frutti o sulle foglie.
Dalle uova nascono larve che penetrano immediatamente nel frutto per nutrirsi.
Durante l'anno si compiono due-tre generazioni di carpocapsa (ciclo adulto-uovo-larva). L'ultima generazione si sviluppa tra la fine dell'estate e l'inizio dell'autunno.

Per approfondimenti vedi Melo a Carpocapsa del melo.

Rodilegno rosso *(Cossus cossus)*

RICONOSCIMENTO Gli adulti sono farfalle con un'apertura alare di 70-100 mm e con ali anteriori grigio-brune striate di scuro. Le larve presentano un dorso rosato o rosso scuro a seconda dell'età, zone ventrali giallastro-ocracee e capo scuro. Raggiungono a maturità la lunghezza di 80-100 mm e scavano gallerie nel legno nella zona del colletto, nelle grosse branche e nel tronco, provocando il deperimento della pianta e la caduta delle parti attaccate. Si riconoscono per la presenza di escrementi e rosura di legno appena fuori dai fori di penetrazione.

▶ VEDI CAP. 2 **Avversità comuni**

Rodilegno giallo *(Zeuzera pyrina)*

RICONOSCIMENTO Gli adulti sono farfalle con un'apertura alare di 40-70 mm, ali anteriori bianche punteggiate da macchie nerastre o bluastre, torace bianco con 6 grosse macchie bluastre. Le larve, di colore giallastro con file longitudinali di punti nerastri, raggiungono a maturità la lunghezza di 50-60 mm; penetrano nella pianta dagli apici dei germogli, che avvizziscono, poi scavano gallerie nei rami, nelle branche e nei tronchi. Possono entrare e uscire più volte dagli organi colpiti.

▶ VEDI CAP. 2 **Avversità comuni**

Cocciniglia mezzo grano di pepe *(Saissetia oleae)*

RICONOSCIMENTO La femmina adulta della Cocciniglia mezzo grano di pepe è lunga circa 5 mm e di forma ovale. Porta sul dorso una figura che ricorda una H di colore marrone, si inscurisce durante l'ovideposizione fino a diventare quasi nera. I maschi compaiono solo raramente. Le neanidi sono giallognole e si scuriscono durante lo sviluppo.

Sulle foglie, le cocciniglie si fissano nella pagina inferiore, lungo la nervatura mediana, mentre sui rami si formano incrostazioni costituite dagli scudetti di protezione dell'insetto. L'attacco causa un deperimento della pianta con disseccamenti di rami e foglie.

CURE COLTURALI E PRATICHE DI PREVENZIONE Mantenere l'oliveto inerbito favorisce la presenza degli antagonisti della cocciniglia.

ORGANISMI UTILI I lanci di *Metaphycus bartletti*, ▶ un parassita della Cocciniglia mezzo grano di pepe, si mostrano efficaci nel controllo della *Saissetia*.

▶ VEDI CAP. 6 Organismi utili

PRODOTTI NATURALI I macerati di felce disturbano l'attività delle cocciniglie. Durante il riposo vegetativo, le spennellature di olio vegetale ▶ sui rami colpiti permettono di portare alla morte per asfissia molte cocciniglie.

▶ VEDI CAP. 3 Prodotti fitosanitari vegetali e minerali

TRATTAMENTI Si interviene con olio bianco o polisolfuro di calcio ▶ durante il riposo vegetativo quando la cocciniglia è presente sulla maggior parte dei rami e le fumaggini associate alla sua presenza sono ben visibili.

▶ VEDI CAP. 3 Prodotti fitosanitari vegetali e minerali

Mosca dell'olivo *(Bactrocera oleae)*

RICONOSCIMENTO La mosca dell'olivo sverna come pupa nel terreno. Lo sfarfallamento degli adulti, lunghi circa 5 mm, di colore bruno-dorato, con il capo rossiccio e gli occhi verdi con riflessi metallici, può iniziare già in primavera, ma le ovideposizioni, di norma, cominciano fra giugno e luglio. Ogni femmina depone 200-250 uova all'interno dei frutti. Per ogni drupa viene deposto un solo uovo.

Le larve sono bianco-giallognole, lunghe fino a 8 mm, più sottili verso il capo, presentano evidenti mandibole a uncino. Si nutrono della polpa dei frutti dentro i quali scavano gallerie.

I danni sono particolarmente gravi quando le infestazioni avvengono in tarda estate e in autunno, perché provocano ingenti perdite di prodotto. Dalle olive danneggiate si ricava un olio di scarsa qualità. La mosca dell'olivo è responsabile della trasmissione della rogna dell'olivo (*Pseudomonas savastanoi*).

CURE COLTURALI È possibile sfuggire agli attacchi tardivi della mosca anticipando il raccolto.

TRAPPOLE La cattura massale con trappole alimentari ▶ è efficace quando è applicata su areali abbastanza vasti oppure in oliveti isolati e con una popolazione del parassita ridotta. Anche le trappole cromotropiche gialle ▶ contribuiscono alla cattura delle mosche.

▶ VEDI CAP. 7
Trappole, recinzioni, coperture e altri sistemi di protezione

PRODOTTI NATURALI L'impiego di macerati repellenti a base di aglio ▶ contribuisce a ridurre l'attacco della mosca.

▶ VEDI CAP. 4
Preparati vegetali

A partire dalla fase di ingrossamento frutti si può intervenire impiegando caolino ▶ alla dose di 2-5 kg/hl (20-50 g/l) non appena si ravvisa il 2-5% di drupe infestate nelle olive da tavola, oppure il 10-15% di drupe infestate nelle olive da olio. I trattamenti vanno ripetuti quando viene dilavato lo

▶ VEDI CAP. 5
Rimedi naturali

strato bianco che si forma sulla vegetazione. Nelle stagioni piovose l'efficacia di questo intervento diminuisce sensibilmente.

TRATTAMENTI Appena si raggiunge il 2-5% di drupe infestate nelle olive da tavola oppure il 10-15% di drupe infestate nelle olive da olio si iniziano i trattamenti con prodotti a base di Spinosad ▶ e di un attrattivo alimentare, ▶ da ripetere ogni 7-12 giorni fino alla raccolta. Questi prodotti si distribuiscono con piccoli quantitativi di acqua e solo su una parte della chioma e delle piante.

I trattamenti con composti rameici ▶ volti al controllo di patologie fungine possono inibire o rallentare la maturazione delle uova della mosca, ridurre le ovideposizioni e causare una certa mortalità negli stadi larvali più giovani.

▶ VEDI CAP. 3
Prodotti fitosanitari vegetali e minerali

▶ VEDI CAP. 7
Trappole, recinzioni, coperture e altri sistemi di protezione

▶ VEDI CAP. 3
Prodotti fitosanitari vegetali e minerali

Occhio di pavone *(Spilocaea oleagina)*

RICONOSCIMENTO L'infezione ad opera di questo fungo si manifesta con la presenza di piccole macchie circolari prima più chiare e poi nerastre, sulla pagina superiore delle foglie. Dopo la dispersione delle spore le macchie diventano biancastre. Sulla pagina inferiore delle foglie si nota un annerimento della nervatura centrale. In caso di attacchi gravi si assiste alla caduta delle foglie.

Questo fungo si sviluppa a temperature comprese tra 10 e 20° C e con un'elevata umidità relativa, condizioni che, di solito, si verificano in primavera e in autunno.

La durata dell'incubazione, cioè il periodo compreso tra l'infezione e la comparsa delle macchie, può variare dai 3 ai 5 mesi. Questo significa che le macchie che appaiono nel mese di luglio possono risalire a un'infezione avvenuta nel mese di aprile.

L'efficacia delle strategie di difesa adottate si può accertare quindi solo dopo alcuni mesi.

TRATTAMENTI Alla ripresa vegetativa, soprattutto se la primavera è umida e le varietà coltivate sono suscettibili alla malattia si esegue un trattamento impiegando composti rameici. ▶ Il trattamento può essere ripetuto dopo le prime piogge autunnali.

▶ VEDI CAP. 3
Prodotti fitosanitari vegetali e minerali

Rodilegno giallo *(Zeuzera pyrina)*

RICONOSCIMENTO Gli adulti sono farfalle con un'apertura alare di 40-70 mm, ali anteriori bianche punteggiate da macchie nerastre o bluastre, torace bianco con 6 grosse macchie bluastre. Le larve, di colore giallastro con file longitudinali di punti nerastri, raggiungono a maturità la lunghezza di 50-60 mm; penetrano nella pianta dagli apici dei germogli, che avvizziscono, poi scavano gallerie nei rami, nelle branche e nei tronchi.
Possono entrare e uscire più volte dagli organi colpiti.

▶ VEDI CAP. 2 Avversità comuni

Antonomo *(Anthonomus pomorum)*

RICONOSCIMENTO L'antonomo un coleottero con un evidente rostro allungato, lungo complessivamente circa 5 mm, di colore bruno-nerastro con una caratteristica fascia ocra a forma di V sulle elitre.

Sverna come adulto e compare appena le gemme si ingrossano. Dopo l'accoppiamento le femmine depongono le uova nei bottoni fiorali. Dalle uova sgusciano larve che vivono a spese dei fiori. I fiori colpiti non si schiudono e disseccano, assumendo un aspetto simile ai chiodi di garofano.

CURE COLTURALI E PRATICHE DI PREVENZIONE Quando le piante sono poche è possibile procedere alla raccolta degli adulti battendo le piante con un bastone protetto da un rivestimento per evitare danni ai rami. In seguito alla battitura gli adulti cadono dalla pianta e possono essere raccolti utilizzando un ombrello rovesciato o un attrezzo analogo.

TRATTAMENTI Poiché non è possibile colpire le larve che compiono il loro ciclo protette all'interno dei fiori, bisogna intervenire sugli adulti riducendone la popolazione in caso di rischio di danni (popolazione elevata e scarsa fioritura). I trattamenti si eseguono quando si raccolgono 5-10 adulti da una doppia battitura di 25 rami eseguita come se si volesse procedere alla raccolta degli insetti. Si utilizza il piretro ▶ in miscela con olio bianco estivo. Infatti, considerata la precocità dell'intervento, i danni alla fauna utile sono molto limitati.

▶ VEDI CAP. 3
Prodotti fitosanitari vegetali e minerali

Carpocapsa *(Cydia pomonella)*

RICONOSCIMENTO Gli adulti sono piccole farfalle (15-22 mm di apertura alare) con ali anteriori grigiastre, marezzate con striature bronzee trasversali. Le

larve giovani sono biancastre con il capo scuro, poi scuriscono diventando giallastre e infine rosee; la loro lunghezza, a maturità, è di 15-20 mm. Il danno è determinato dalle larve, che penetrano nei frutti e scavano gallerie nella polpa.
Questo lepidottero passa l'inverno allo stadio larvale protetto in bozzoli sotto la corteccia. Gli adulti sfarfallano a maggio deponendo le uova sui frutti o sulle foglie. Durante l'anno si compiono due-tre generazioni di carpocapsa (ciclo adulto-uovo-larva). L'ultima generazione si sviluppa tra la fine dell'estate e l'inizio dell'autunno.

CURE COLTURALI E PRATICHE DI PREVENZIONE La copertura della chioma con reti antinsetto (sistema Alt'Carpo) ▶ evita la deposizione delle uova e garantisce un ottimo controllo del parassita. In modo analogo è possibile provvedere alla protezione dei singoli frutti chiudendoli all'inizio di giugno in normali sacchetti di carta bianca. ▶ Questa operazione richiede dai 30 ai 60 secondi per frutto, vale a dire da 1 a 2,5 ore per piante che producono 25-30 kg di mele.

▶ VEDI CAP. 7
Trappole, recinzioni coperture e altri sistemi di protezione

▶ VEDI CAP. 7
Trappole, recinzioni coperture e altri sistemi di protezione

TRAPPOLE Nei piccoli frutteti o per le piante isolate si può ridurre significativamente la popolazione di Carpocapsa raccogliendo le larve svernanti in trappole realizzate applicando cartoni ondulati intorno al tronco delle piante alla fine dell'estate, in modo da raccogliere le larve che vi cercano rifugio per l'inverno. Durante la stagione vegetativa, l'uso di trappole alimentari ▶ può contribuire a ridurre i danni provocati dal parassita.

▶ VEDI CAP. 7
Trappole, recinzioni coperture e altri sistemi di protezione

ORGANISMI UTILI L'impiego di nematodi entomoparassiti (*Steinernema feltiae* e *Steinernema carpocapsae*) ▶ in autunno contribuisce a ridurre in modo significativo la popolazione di Carpocapsa nella stagione successiva.
Anche il *Granulosis virus* è riconosciuto efficace contro la Carpocapsa.

▶ VEDI CAP. 6
Organismi utili

PRODOTTI NATURALI L'impiego di preparati repellenti a base di assenzio e/o tanaceto ▶ può contribuire a ridurre la presenza di Carpocapsa sui frutti.

▶ VEDI CAP. 4
Preparati vegetali

TRATTAMENTI Se la superficie di coltivazione è pari ad almeno un ettaro è possibile adottare i metodi della confusione o della distrazione sessuale impiegando erogatori di feromoni. ▶
Gli interventi con prodotti fitosanitari sono rivolti a colpire le larve nel periodo fra la schiusura delle uova e la penetrazione nei frutti. È importante quindi seguire il volo della Carpocapsa direttamente con le trappole a feromoni installate nell'impianto oppure indirettamente attraverso i bollettini fitopatologici della zona. I trattamenti iniziano 7-15 giorni dopo le prime catture e proseguono fino a che prosegue il volo degli adulti. Se le generazioni successive dell'insetto non si sovrappongono è possibile interrompere i trattamenti al cessare delle catture. Per i trattamenti si utilizzano prodotti a base del virus della granulosi o di Spinosad ▶ (al massimo 3 trattamenti per stagione) ripetendoli ogni 7-10 giorni fino a che proseguono le nascite delle larve.

▶ VEDI CAP. 7
Trappole, recinzioni coperture e altri sistemi di protezione

▶ VEDI CAP. 3
Prodotti fitosanitari vegetali e minerali

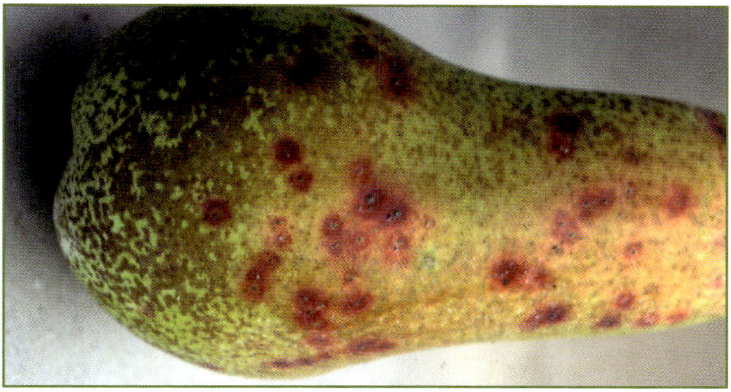

Coccinìglia di S. Josè *(Quadraspidiotus perniciosus)*

RICONOSCIMENTO L'insetto trascorre la maggior parte della sua vita protetto da uno scudetto di colore grigio piombo; quello maschile è allungato, mentre quello femminile è tondeggiante.

Sui frutti, i danni si manifestano con puntini rossastri causati dalle punture della cocciniglia. Questo insetto compie tre generazioni all'anno, durante le quali nascono individui che, trasportati dal vento, si fissano sui rami o sui frutti.

CURE COLTURALI E PRATICHE DI PREVENZIONE Quando il numero di piante è limitato si possono eseguire vigorose spazzolature dei tronchi.

PRODOTTI NATURALI Le spennellature o l'irrorazione dei tronchi con olio vegetale riducono la presenza del fitofago. Anche l'uso di una pasta per tronchi ▶ disinfettante svolge la medesima funzione. L'impiego di preparati repellenti a base di felce contribuisce a ridurre la presenza del parassita.

▶ VEDI CAP. 5
Rimedi naturali

TRATTAMENTI Si interviene quando, alla raccolta, oltre il 5% dei frutti presenta danni da cocciniglia, utilizzando l'olio minerale ▶ prima della ripresa vegetativa della stagione successiva.

▶ VEDI CAP. 3
Prodotti fitosanitari vegetali e minerali

Maculatura bruna o Alternariosi *(Stemphylium vesicarium)*

RICONOSCIMENTO Questo fungo risulta particolarmente dannoso per frutti, foglie, rametti e germogli sui quali forma delle caratteristiche macchie necrotiche circolari, contornate spesso da un alone rossastro. Il suo sviluppo è favorito da condizioni ambientali caldo-umide: la temperatura ottimale è di 21-23° C e servono almeno 8-10 ore di bagnatura della foglia perché avvenga l'infezione fungina. Le varietà più sensibili sono Abate Fetel e Conference, mentre William e Coscia risultano essere resistenti.

CURE COLTURALI E PRATICHE DI PREVENZIONE Tutti gli interventi che assicurano un buon arieggiamento della chioma e la riduzione dei tempi di bagnatura delle foglie diminuiscono la suscettibilità delle piante al patogeno.

PRODOTTI NATURALI L'impiego di preparati a base di equiseto ▶ rafforza la pianta contro la maculatura.

▶ VEDI CAP. 4 Preparati vegetali

TRATTAMENTI Per l'individuazione del momento in cui eseguire il primo intervento è necessario fare riferimento ai bollettini fitopatologici. In seguito, fino quando permangono condizioni favorevoli allo sviluppo del parassita, gli organi vegetali devono essere sempre protetti dal prodotto antiparassitario nel momento in cui inizia la pioggia. Si utilizzano prodotti a base di rame o polisolfuro di calcio. ▶

L'applicazione in autunno di *Trichoderma harzianum* ▶ sul cotico erboso, dove il patogeno sverna, sembra contribuire efficacemente alla riduzione del potenziale di inoculo.

▶ VEDI CAP. 3 Prodotti fitosanitari vegetali e minerali

▶ VEDI CAP. 3 Prodotti fitosanitari microbiologici

Psilla *(Psylla pyri)*

RICONOSCIMENTO Gli adulti sono lunghi circa 2,5-3 mm, di colore ocra, nocciola o brunastro hanno ali trasparenti posizionate a tetto spiovente sul corpo.
Le forme giovanili (neanidi) presentano due tipiche espansioni laterali, poco mobili e di forma appiattita; hanno un colore giallo-arancio che diventa sempre più scuro fino a divenire bruno-nerastro con il procedere dello sviluppo.
La psilla sverna come adulto nella corteccia del pero e di piante spontanee e compie 5 generazioni (ciclo adulto-uovo-neanide-adulto) in un anno. Colpisce le foglie, i germogli e i rametti succhiando la linfa e producendo melata, una secrezione zuccherina che imbratta la vegetazione e i frutti e su cui si possono sviluppare le fumaggini.
Quando la popolazione è abbondante ferma la crescita dei germogli, fino a far cadere le foglie. È sensibile alle alte temperature e a condizioni di umidità scarsa.

ORGANISMI UTILI I lanci di *Anthocoris nemoralis* ▶ si eseguono tra marzo e aprile per anticipare l'insediamento di questo insetto utile nell'ambiente e arrestare le infestazioni. Si rilasciano 1000-2000 individui per ettaro in almeno 5 punti di rilascio differenti, evitando però lanci vicino ai confini del frutteto.

▶ VEDI CAP. 6 Organismi utili

PRODOTTI NATURALI Il sapone di Marsiglia ▶ può essere utilizzato al posto dei prodotti fitosanitari con gli stessi criteri di intervento.

▶ VEDI CAP. 5 Rimedi naturali

TRATTAMENTI Si interviene se, durante la fioritura, le neanidi (forme giovanili) dell'insetto sono presenti sul 10% dei germogli. Questa soglia sale al 20% se nel campionamento è stata rilevata la presenza di antocoridi.
In questi casi si interviene con sapone molle di potassio ▶ oppure con piretro alla caduta dei petali, ripetendo gli interventi fino a quando la soglia di intervento viene superata.
In presenza di antocoridi e nel caso fosse necessario ripetere i trattamenti è preferibile evitare l'impiego del piretro. ▶
I trattamenti effettuati prima della ripresa vegetativa con il polisolfuro ▶ diminuiscono la popolazione della psilla e riducono i rischi di un'infezione.

▶ VEDI CAP. 5 Rimedi naturali

▶ VEDI CAP. 3 Prodotti fitosanitari vegetali e minerali

▶ VEDI CAP. 3 Prodotti fitosanitari vegetali e minerali

Ticchiolatura *(Venturia pirina)*

RICONOSCIMENTO I danni sulle foglie si manifestano con la formazione di macchie brunastre più o meno tondeggianti e dal contorno ben delimitato. La parte colpita tende con il tempo a seccare e gli attacchi più gravi possono provocare la caduta anticipata delle foglie e la completa defogliazione della pianta.
Sui frutti i sintomi possono comparire in qualsiasi stadio di sviluppo con la formazione di macchie brune e tondeggianti. Sui frutticini si possono verificare malformazioni e fenditure che possono causarne la caduta. In alcuni casi i danni si manifestano dopo la raccolta con la formazione di macchioline nerastre sulla buccia.
L'infezione inizia poco dopo la ripresa dell'attività vegetativa del pero e può proseguire fino alla caduta delle foglie. Temperature e umidità elevate, accompagnate da lunghi periodi di bagnatura degli organi vegetali, favoriscono la malattia. Se le condizioni sono favorevoli, soprattutto per la prolungata bagnatura della vegetazione, il fungo continua a diffondersi per tutta la stagione grazie alle spore che fuoriescono dagli organi colpiti dalle infezioni primarie.

CURE COLTURALI Considerato che il controllo di questa malattia richiede l'esecuzione, sulle varietà più sensibili, di 14-20 trattamenti all'anno, è fortemente consigliato l'impiego di varietà tolleranti al patogeno.

PRODOTTI NATURALI L'impiego di preparati a base di equiseto ▶ rafforza la pianta contro la ticchiolatura. Anche l'impiego in inverno di una pasta per tronchi ▶ preventiva per la ticchiolatura svolge la stessa funzione.

▶ VEDI CAP. 4
Preparati vegetali
▶ VEDI CAP. 5
Rimedi naturali

TRATTAMENTI Per la difesa si utilizzano composti rameici o il polisolfuro di calcio. ▶
Per decidere il momento in cui eseguire il primo trattamento è opportuno riferirsi alle indicazioni dei bollettini fitopatologici. Di solito il primo intervento coincide con la fase fenologica "mazzetti con i bottoni bianchi".
Dopo il primo trattamento è possibile seguire due strategie: la difesa mirata e la difesa preventiva.

▶ VEDI CAP. 3
Prodotti fitosanitari
vegetali e minerali

DIFESA MIRATA Si eseguono i trattamenti durante la pioggia e con le foglie bagnate. In questo modo i prodotti per la difesa (meglio utilizzare il polisolfuro di calcio ▶) giungono sulla foglia appena prima che il fungo penetri negli organi vegetali e svolgono tempestivamente la loro attività fungicida.

▶ VEDI CAP. 3 Prodotti fitosanitari vegetali e minerali

DIFESA PREVENTIVA Gli organi vegetali devono essere sempre coperti dal prodotto antiparassitario nel momento in cui inizia la pioggia.
Fino a fine giugno rame o polisolfuro ▶ devono essere distribuiti al massimo 3 giorni prima della pioggia, in quanto se il trattamento è stato eseguito anteriormente le foglioline più giovani cresciute nel frattempo non sono protette dall'eventuale infezione.

▶ VEDI CAP. 3 Prodotti fitosanitari vegetali e minerali

Il trattamento deve essere ripetuto ogniqualvolta cadono 20-25 mm di pioggia dilavando i prodotti distribuiti precedentemente. Nel caso di piogge prolungate si interviene con polisolfuro entro 24 ore dalla fine delle piogge.
A partire da giugno, dopo che i frutti hanno superato la dimensione di una noce è possibile evitare i trattamenti se le macchie di ticchiolatura sono presenti su meno del 2-4% dei getti.

Tentredine del pero *(Hoplocampa brevis)*

RICONOSCIMENTO L'adulto di questo imenottero è lungo 3-5 mm ed è di colore bruno. Le larve di colore rosa-biancastro penetrano nei frutticini di cui si nutrono. Ognuna di esse attacca, durante il suo sviluppo, due o tre frutti.
Le pere infestate si riconoscono perché presentano un rigonfiamento o una macchia scura nel punto in cui è avvenuta l'ovideposizione. Tutti i frutti attaccati cadono, prima o dopo, al suolo.
La tentredine sverna nel terreno come adulto e compie una generazione all'anno, comparendo in campo immediatamente prima della fioritura. Le femmine depongono le uova all'interno dei fiori per tutta la fioritura e anche dopo la caduta dei petali.
Le situazioni di maggior rischio si verificano quando la popolazione presente è elevata e la fioritura è scarsa.

TRAPPOLE Per piante isolate o poco numerose si può provvedere anche alla cattura massale delle tentredini impiegando trappole cromotropiche bianche. ▶

▶ VEDI CAP. 7 Trappole, recinzioni, coperture e altri sistemi di protezione

PRODOTTI NATURALI L'impiego di macerato o decotto di legno quassio, ▶ dalla pre-

▶ VEDI CAP. 4 Preparati vegetali

fioritura alla caduta dei petali, disturba il parassita e non interferisce con l'attività dei pronubi.

TRATTAMENTI I trattamenti si eseguono se le trappole cromotropiche bianche ▶ installate per il monitoraggio catturano 15-20 adulti in una settimana oppure se si accerta che almeno il 10% dei bottoni fiorali presenta larve o fori. Si utilizza il piretro ▶ addittivato con olio bianco estivo ▶ eseguendo due trattamenti uno prima e uno dopo la fioritura.

▶ VEDI CAP. 7
Trappole, recinzioni, coperture e altri sistemi di protezione

▶ VEDI CAP. 3
Prodotti fitosanitari vegetali e minerali

Ricamatori *(Argyrotaenia pulchellana, Pandemis cerasana, pandemis heparana, Archips podanus, Archips rosanus)*

RICONOSCIMENTO I ricamatori sono lepidotteri (farfalle) appartenenti a diverse specie. Causano danni alle foglie e all'epidermide dei frutti (i danni si manifestano come "ricami"). Sono presenti nel meleto da metà aprile fino a tutto agosto.

CURE COLTURALI E PRATICHE DI PREVENZIONE Le reti antinsetto ▶ usate per la carpocapsa agiscono anche contro i ricamatori, evitano la deposizione delle uova su frutti e foglie.

▶ VEDI CAP. 7
Trappole, recinzioni, coperture e altri sistemi di protezione

TRATTAMENTI Gli interventi si eseguono sui frutti in accrescimento al superamento delle soglie di intervento verificate con trappole a feromoni ▶ e differenti per ogni specie, oppure quando oltre il 2-5% dei frutti presenta "ricami". Si effettuano trattamenti con prodotti a base di *Bacillus thuringiensis* ▶ ripetendoli ogni 7-10 giorni e fino a quando proseguono le catture nelle trappole.
Per migliorare l'efficacia del trattamento è meglio controllare che l'acqua abbia un pH di 6-6,5 (eventualmente aggiungere aceto ▶) e unire alla miscela antiparassitaria olio bianco estivo ▶ alla dose di 300-500 cc/hl (3-5 g/l) e zucchero alla dose di 1 Kg/hl (10 g/l).

▶ VEDI CAP. 7
Trappole, recinzioni, coperture e altri sistemi di protezione

▶ VEDI CAP. 8
Prodotti fitosanitari microbiologici

▶ VEDI CAP. 5
Rimedi naturali

▶ VEDI CAP. 3
Prodotti fitosanitari vegetali e minerali

Tingide *(Stephanitis pyri)*

RICONOSCIMENTO Gli adulti del tingide misurano 3-3,3 mm di lunghezza e hanno il corpo scuro e appiattito. Le ali anteriori sono trasparenti e distese orizzontalmente sul corpo, segnate da una fitta reticolatura poligonale. Le forme giovanili sono più scure e prive di ali.

Il tingide sverna come adulto nella corteccia del pero e di piante spontanee e compie 3 generazioni all'anno. I danni si manifestano sulla pagine inferiore delle foglie, con punteggiature chiare inframezzate a puntini neri (sono gli escrementi). In presenza di popolazione elevate il danno può interessare tutta la foglia e provocare la defogliazione della pianta.

PRODOTTI NATURALI Il sapone di Marsiglia ▶ può essere utilizzato al posto dei prodotti fitosanitari con gli stessi criteri di intervento.

▶ VEDI CAP. 5 Rimedi naturali

TRATTAMENTI Si interviene se durante la fioritura le neanidi (forme giovanili) dell'insetto sono presenti sul 10% dei germogli. Questa soglia sale al 20% se nel campionamento è stata rilevata la presenza di antocoridi.

In questi casi si interviene con sapone molle di potassio ▶ oppure con piretro ▶ alla caduta petali, ripetendo gli interventi fino a quando la soglia di intervento viene superata.

▶ VEDI CAP. 5 Rimedi naturali

In presenza di antocoridi e in caso di necessità di ripetizione dei trattamenti è preferibile evitare l'impiego del piretro. ▶

▶ VEDI CAP. 3 Prodotti fitosanitari vegetali e minerali

I trattamenti effettuati prima della ripresa vegetativa con il polisolfuro di calcio ▶ diminuiscono la popolazione del tingide e riducono i rischi di un'infezione.

▶ VEDI CAP. 3 Prodotti fitosanitari vegetali e minerali

Rodilegno rosso *(Cossus cossus)*

RICONOSCIMENTO Gli adulti sono farfalle con un'apertura alare di 70-100 mm e con ali anteriori grigio-brune striate di scuro. Le larve presentano un dorso rosato o rosso scuro a seconda dell'età, zone ventrali giallastro-ocracee e capo scuro. Raggiungono a maturità la lunghezza di 80-100 mm e scavano gallerie nel legno nella zona del colletto, nelle grosse branche e nel tronco, provocando il deperimento della pianta e la caduta delle parti attaccate. Si riconoscono per la presenza di escrementi e rosura di legno appena fuori dai fori di penetrazione.

▶ VEDI CAP. 2 **Avversità comuni**

Rodilegno giallo *(Zeuzera pyrina)*

RICONOSCIMENTO Gli adulti sono farfalle con un'apertura alare di 40-70 mm, ali anteriori bianche punteggiate da macchie nerastre o bluastre, torace bianco con 6 grosse macchie bluastre. Le larve, di colore giallastro con file longitudinali di punti nerastri, raggiungono a maturità la lunghezza di 50-60 mm; penetrano nella pianta dagli apici dei germogli, che avvizziscono, poi scavano gallerie nei rami, nelle branche e nei tronchi. Possono entrare e uscire più volte dagli organi colpiti.

▶ VEDI CAP. 2 **Avversità comuni**

Bolla del pesco *(Taphrina deformans)*

RICONOSCIMENTO Il fungo danneggia soprattutto le foglie sulle quali si manifestano bollosità localizzate inizialmente vicino alla nervatura centrale. In seguito le bollosità confluiscono aumentando di volume e assumono una colorazione rossastra, mentre i tessuti diventano di consistenza carnosa. I danni sui fiori si manifestano con deformazioni e il successivo aborto.
La bolla può provocare una defogliazione completa in primavera. Successivamente la pianta riesce a riprendersi e ad emettere nuove foglie, ma la produzione e la vitalità ne risentono negativamente.
L'infezione inizia appena riprende l'attività vegetativa, quando le temperature raggiungono i 7-8° C e la pianta rimane bagnata per qualche ora (non sono necessarie le piogge).
Le primavere fredde e piovose favoriscono lo sviluppo del fungo. Le infezioni possono continuare fino a quando le temperature non superano i 27-28° C.

CURE COLTURALI E PRATICHE DI PREVENZIONE La scelta di varietà tolleranti a questo patogeno semplifica la coltivazione del pesco soprattutto nelle regioni più umide dove la bolla è particolarmente difficile da controllare.
Il rischio di infezione si riduce raccogliendo le foglie colpite appena si manifesta la malattia e allontanandole dal campo (bruciandole o compostandole).

TRATTAMENTI È fondamentale eseguire un primo trattamento subito prima che le gemme incomincino a muoversi (fase fenologica "gemme gonfie") utilizzando polisolfuro di calcio o prodotti rameici da soli o miscelati a zolfo. ▶
Nel caso in cui le piante siano state colpite in modo grave dal parassita nell'anno precedente è opportuno ripetere il trattamento nella fase fenologica di "gemma gonfia" o "bottoni rosa".

▶ VEDI CAP. 3
Prodotti fitosanitari vegetali e minerali

Cydia molesta *(Cydia molesta)*

RICONOSCIMENTO Gli adulti sono farfalle con un'apertura alare di 10-15 mm e ali anteriori di colore grigio-brunastro, con diffuse screziature biancastre e i bordi frangiati. Le larve, di colore rosato o ocra, a maturità raggiungono la lunghezza di 10-14 mm e trascorrono l'inverno in bozzoli sotto la corteccia. In aprile escono gli adulti che depongono le uova sulle foglie. Da queste, dopo 5-7 giorni, nascono larve che penetrano nei germogli apicali dei rami. Ogni larva colpisce diversi germogli e poi si imbozzola per trasformarsi in adulto. Le larve che nascono nelle quarte/quinte generazioni (ciclo adulto-uovo-larva) successive penetrano anche i frutti.

CURE COLTURALI E PRATICHE DI PREVENZIONE La protezione delle chiome con reti antinsetto ▶ o quella dei frutti con sacchetti di carta ▶ potrebbe dimostrarsi efficace, ma attualmente mancano conferme sperimentali sull'efficacia di questi metodi nella difesa dalla *Cydia molesta*. La raccolta dei getti attaccati dalla prima generazione contribuisce a ridurre la pressione del fitofago.

▶ VEDI CAP. 7 Trappole, recinzioni, coperture e altri sistemi di protezione

TRAPPOLE Nei piccoli frutteti o per le piante isolate si può ridurre significativamente la popolazione di *Cydia molesta* raccogliendo le larve svernanti in trappole realizzate applicando cartoni ondulati intorno al tronco delle piante alla fine dell'estate, in modo da raccogliere le larve che vi cercano rifugio per l'inverno. Durante la stagione vegetativa l'uso di trappole alimentari ▶ può contribuire a ridurre i danni provocati dal parassita.

▶ VEDI CAP. 7 Trappole, recinzioni, coperture e altri sistemi di protezione

TRATTAMENTI Se la superficie di coltivazione è pari ad almeno un ettaro è possibile adottare i metodi della confusione o della distrazione sessuale ▶ impiegando erogatori di feromoni. Il momento della loro applicazione dipende dal prodotto commerciale prescelto; generalmente coincide con la prima metà di aprile.

▶ VEDI CAP. 3 Prodotti fitosanitari vegetali e minerali

I trattamenti si eseguono a partire dalla seconda generazione dopo aver verificato che le catture nelle trappole a feromoni ▶ utilizzate per il monitoraggio siano più di 10 a settimana oppure che i germogli attaccati siano più del 10%.

▶ VEDI CAP. 7 Trappole, recinzioni, coperture e altri sistemi di protezione

Il primo trattamento si esegue 7 giorni dopo il verificarsi di queste condizioni utilizzando *Bacillus thuringiensis*. ▶ I trattamenti vanno ripetuti ogni 7-9 giorni fino a quando le soglie di intervento sono superate. Per migliorare l'efficacia del trattamento è meglio controllare che l'acqua abbia un pH pari a 6-7 (eventualmente aggiungere aceto) e aggiungere alla miscela antiparassitaria olio bianco estivo ▶ alla dose di 300-500 cc/hl (3-5 g/l) e zucchero alla dose di 1 Kg/hl (10 g/l).

▶ VEDI CAP. 8 Prodotti fitosanitari microbiologici

▶ VEDI CAP. 5 Rimedi naturali

Anarsia *(Anarsia lineatella)*

RICONOSCIMENTO È una farfalla con un'apertura alare di 12-15 mm, ali anteriori grigio scuro con striature lineari chiare e scure e ali posteriori di colore chiaro. Le larve sono lunghe fino a 15 mm, rossastre, divise in segmenti da fasce giallo-ocra chiaro, con il capo scuro. Possono nutrirsi di fiori, germogli e frutti all'interno dei quali scavano gallerie profonde. I frutti colpiti cadono oppure marciscono per l'azione di parassiti secondari.

CURE COLTURALI E PRATICHE DI PREVENZIONE La protezione dei frutti con reti antinsetto ▶ potrebbe dimostrarsi efficace, ma non è stata ancora verificata da prove sperimentali.

▶ VEDI CAP. 7 Trappole, recinzioni, coperture e altri sistemi di protezione

TRATTAMENTI I trattamenti con *Bacillus thuringiensis* ▶ iniziano dopo l'allegagione, circa 15 giorni dopo che sono stati catturati dalla trappola a feromoni ▶ 7 maschi in una settimana o 10 in due settimane oppure che il 10% dei germogli è risultato infestato. I trattamenti sulla prima generazione proseguono ogni 7-9 giorni fino a quando si continuano a superare le soglie di intervento.

▶ VEDI CAP. 8 Prodotti fitosanitari microbiologici

▶ VEDI CAP. 7 Trappole, recinzioni, coperture e altri sistemi di protezione

Sulle generazioni successive il primo intervento segue di soli 7 giorni il superamento della soglia, poi i trattamenti proseguono come sulla prima generazione.

Per migliorare l'efficacia del trattamento è meglio controllare che l'acqua abbia un pH pari a 6-7 (eventualmente aggiungere aceto ▶) e aggiungere alla miscela antiparassitaria olio bianco estivo ▶ alla dose di 300-500 cc/hl (3-5 g/l) e zucchero alla dose di 1 Kg/hl (10 g/l).

▶ VEDI CAP. 5 Rimedi naturali

▶ VEDI CAP. 5 Rimedi naturali

Quando l'appezzamento è grande almeno 1 ha, per il controllo dell'*Anarsia*, al posto dei trattamenti, si può applicare il metodo della confusione ▶ o della distrazione sessuale.

Gli erogatori spesso abbinano i feromoni ▶ per *Anarsia lineatella* a quelli per *Cydia molesta* consentendo il controllo di entrambi i parassiti.

▶ VEDI CAP. 7 Trappole, recinzioni, coperture e altri sistemi di protezione

▶ VEDI CAP. 3 Prodotti fitosanitari vegetali e minerali

Monilia *(Monilia laxa e Monilia fructigena)*

RICONOSCIMENTO L'infezione è causata da funghi del genere *Monilia*. I fiori colpiti imbruniscono e seccano, talvolta coprendosi di una muffa grigia. I rametti manifestano tacche depresse che possono fessurarsi longitudinalmente; la parte terminale del rametto muore, mentre le foglie inserite in quella parte avvizziscono rimanendo pendule sul rametto stesso. I frutticini marciscono e si ricoprono di una muffa grigia, mentre sui frutti in maturazione si formano macchie rotondeggianti marcescenti di colore bruno, su cui si differenziano cuscinetti concentrici giallo-ocra. Successivamente si assiste alla loro mummificazione.
La prima infezione avviene anche con temperature relativamente basse prima della schiusura dei fiori, se la pianta rimane bagnata per qualche ora (non sono necessarie le piogge). Le infezioni possono continuare fino a quando le temperature non superano i 27-28° C.
Nelle primavere molto piovose e umide questa avversità può distruggere completamente i fiori e colpire tutti i frutti.

▶ VEDI CAP. 2 **Avversità comuni**

Coccinìglia bianca *(Pseudaulacaspis pentagona)*

RICONOSCIMENTO La cocciniglia bianca vive protetta da uno scudetto biancastro

grande circa 2 mm. Quello femminile è tondeggiante e con la parte centrale di colore arancio, quello maschile è allungato ed è attaccato al ramo solo a una estremità.
La cocciniglia bianca compie tre generazioni all'anno, durante le quali nascono individui che vengono trasportati dal vento e si fissano sui rami o sui frutti. Le punture sui frutti determinano la comparsa di macchie rosse, ma i danni più gravi sono a carico dei rami, che in caso di forti infestazioni, possono deperire fino a seccare.

CURE COLTURALI E PRATICHE DI PREVENZIONE Con un piccolo numero di piante è possibile eliminare i focolai di infestazione eseguendo vigorose spazzolature dei tronchi.

PRODOTTI NATURALI Le spennellature o la irrorazione dei tronchi con olio vegetale ▶ riducono la presenza del fitofago. Anche l'uso di una pasta per tronchi disinfettante ▶ svolge la medesima funzione. L'impiego di preparati repellenti a base di felce contribuisce a ridurre la presenza del parassita.

▶ VEDI CAP. 5 Rimedi naturali

▶ VEDI CAP. 5 Rimedi naturali

TRATTAMENTI In caso di presenza del parassita, si interviene alla fine dell'inverno prima della ripresa vegetativa, impiegando olio bianco o polisolfuro di calcio. ▶

▶ VEDI CAP. 3 Prodotti fitosanitari vegetali e minerali

Afidi *(Myzus persicae, Brachycaudus schwartzi, Hyalopterus amygdali ecc.)*

RICONOSCIMENTO Diverse specie di afidi danneggiano il pesco, la più pericolosa è *Myzus persicae*, un afide verde che causa un marcato accartocciamento delle foglie e dei germogli, provocando l'arresto dello sviluppo di questi ultimi, che successivamente necrotizzano.
La presenza degli afidi indebolisce i germogli che crescono e lignificano male, mentre la produzione di melata imbratta la vegetazione e i frutti.
I danni più gravi si manifestano con una comparsa precoce di questi fitofagi. In questo caso i danni si possono manifestare già in fioritura con malformazione dei frutticini e dei getti.

CURE COLTURALI E PRATICHE DI PREVENZIONE Tutte le azioni rivolte a favorire la biodiversità dell'agroecosistema, ad esempio la presenza di siepi in prossimità del frutteto o gli sfalci alternati dell'erba, favoriscono la presenza di organismi utili che contribuiscono al controllo degli afidi. La raccolta dei getti colpiti e loro distruzione permette di abbassare la popolazione degli afidi e di migliorare l'efficacia del controllo ottenuto con gli utili.

Sulle piante giovani è importante anche limitare l'attività delle formiche: questi insetti "pascolano" gli afidi, spostandoli da un getto all'altro e difendendoli dai loro predatori e parassiti. Le strisce collose applicate alla base dei tronchi impediscono alle formiche di risalire l'albero.

PRODOTTI NATURALI L'impiego di preparati repellenti a base di assenzio, aglio, lavanda, felce e/o tanaceto ▶ può ritardare o impedire l'attività degli afidi. I trattamenti a base di sapone di Marsiglia ▶ sono efficaci se sono localizzati in modo da colpire direttamente le colonie degli insetti.

▶ VEDI CAP. 4 Preparati vegetali
▶ VEDI CAP. 5 Rimedi naturali

TRATTAMENTI Si interviene a "gemma gonfia" o "bottoni rosa", sempre negli impianti in fase di allevamento e al superamento della soglia del 5% dei getti infestati negli impianti adulti, utilizzando sapone molle di potassio ▶ o prodotti a base di *Beauveria bassiana*. ▶ L'intervento deve essere ripetuto ogni volta che i getti colpiti sono più del 5%, ma dopo l'allegagione la popolazione di utili è generalmente in grado di assicurare il controllo degli afidi.

▶ VEDI CAP. 5 Rimedi naturali
▶ VEDI CAP. 8 Prodotti fitosanitari microbiologici

Mosca della frutta *(Ceratitis capitata)*

RICONOSCIMENTO La mosca della frutta è lunga 4-6 mm con occhi verdastri, torace grigio-giallastro, ali membranose con macchie colore giallo ocra e addome di colore giallo-arancio con barre trasversali grigio argentee. Le larve sono biancastre e si nutrono dei frutti sviluppandosi al loro interno.

È un insetto pericoloso soprattutto nelle regioni più calde, ma a volte causa danni anche nelle coltivazioni del Nord Italia. Di solito sverna come pupa nel terreno, a circa 10 cm di profondità e ogni anno compie un numero di generazioni che, nel Sud Italia, arriva fino a 6-7.

La femmina depone le uova all'interno dei frutti in maturazione, cioè quando aumenta il loro contenuto di zuccheri e diminuisce la loro acidità; di solito questo accade all'invaiatura, quando i frutti iniziano a virare di colore. I sintomi si manifestano due-tre settimane prima della maturazione e il decorso dell'infestazione è estremamente rapido: in pochi giorni il frutto viene distrutto dall'attività delle larve, che provocano il disfacimento e la marcescenza della polpa.

▶ VEDI CAP. 2 Avversità comuni

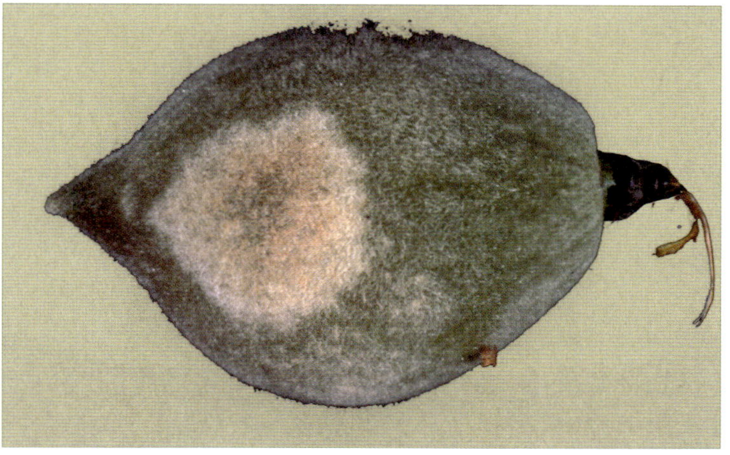

Oidio *(Sphaerotheca pannosa)*

RICONOSCIMENTO Questo fungo provoca la formazione di macchie biancastre tondeggianti e leggermente rilevate sui frutti; dopo qualche tempo il colore diventa ocra e lascia trasparire i tessuti sottostanti suberizzati. I frutti colpiti cadono oppure subiscono deformazioni. Sulle foglie l'oidio causa decolorazioni irregolari in corrispondenza delle quali compare la caratteristica muffa bianca. Il fungo sverna nelle gemme a fiore. Le infezioni iniziano alla schiusura dei germogli e proseguono fino a tutta l'estate. Il fungo è favorito dalle temperature elevate.

▶ VEDI CAP. 8 Prodotti fitosanitari microbiologici

CURE COLTURALI E PRATICHE DI PREVENZIONE La raccolta dei germogli colpiti abbassa notevolmente la pressione del fungo e assicura una discreta protezione alle piante.

PRODOTTI NATURALI I preparati a base di equiseto e tarassaco ▶ contribuiscono a rinforzare le difese delle piante contro l'oidio. Anche i trattamenti con bicarbonato di sodio ▶ possono ridurre i danni provocati dal fungo.
Quando sono presenti i sintomi e le temperature sono elevate l'impiego della miscela NAB ▶ al posto dello zolfo riduce i rischi di fitotossicità.

▶ VEDI CAP. 4 Preparati vegetali

▶ VEDI CAP. 5 Rimedi naturali

▶ VEDI CAP. 5 Rimedi naturali

TRATTAMENTI Il primo intervento si esegue a caduta petali utilizzando zolfo o proteinato di zolfo, polisolfuro di calcio ▶ oppure, se le temperature sono inferiori ai 10° C *Ampelomyces quisqualis*. ▶ I trattamenti con zolfo o proteinato di zolfo proseguono se la stagione ha un decorso caldo e umido ripetendosi a distanza di 8-10 giorni.
Se, nonostante gli interventi preventivi, si manifestasse una grave infezione è possibile un intervento curativo impiegando zolfo in polvere per tre volte a distanza di tre giorni.
Gli interventi con polisolfuro di calcio ▶ a gemme gonfie per il controllo della bolla e della Monilia contribuiscono a ridurre il potenziale di inoculo anche dell'oidio.

▶ VEDI CAP. 3 Prodotti fitosanitari vegetali e minerali

▶ VEDI CAP. 8 Prodotti fitosanitari microbiologici

▶ VEDI CAP. 3 Prodotti fitosanitari vegetali e minerali

Corineo o vaiolatura o impallinatura o gommosi parassitaria *(Stigmina carpophila)*

RICONOSCIMENTO Il fungo si manifesta sulle foglie provocando piccole tacche rosso-violacee circondate da un alone. Le parti attaccate tendono a staccarsi lasciando la foglia bucherellata. Sui rami provoca fessurazioni dalle quali fuoriesce un essudato gommoso.

I frutti colpiti presentano inizialmente piccole macchie rossastre che, prima della maturazione, evolvono in incrostazioni gommose.

Le stagioni con un andamento climatico umido favoriscono lo sviluppo del patogeno.

▸ VEDI CAP. 2 **Avversità comuni**

Rodilegno rosso *(Cossus cossus)*

RICONOSCIMENTO Gli adulti sono farfalle con un'apertura alare di 70-100 mm e con ali anteriori grigio-brune striate di scuro. Le larve presentano un dorso rosato o rosso scuro a seconda dell'età, zone ventrali giallastro-ocracee e capo scuro. Raggiungono a maturità la lunghezza di 80-100 mm e scavano gallerie nel legno nella zona del colletto, nelle grosse branche e nel tronco, provocando il deperimento della pianta e la caduta delle parti attaccate. Si riconoscono per la presenza di escrementi e rosura di legno appena fuori dai fori di penetrazione.

▸ VEDI CAP. 2 **Avversità comuni**

Rodilegno giallo *(Zeuzera pyrina)*

RICONOSCIMENTO Gli adulti sono farfalle con un'apertura alare di 40-70 mm, ali anteriori bianche punteggiate da macchie nerastre o bluastre, torace bianco con 6 grosse macchie bluastre. Le larve, di colore giallastro con file longitudinali di punti nerastri, raggiungono a maturità la lunghezza di 50-60 mm; penetrano nella pianta dagli apici dei germogli, che avvizziscono, poi scavano gallerie nei rami, nelle branche e nei tronchi. Possono entrare e uscire più volte dagli organi colpiti.

▶ VEDI CAP. 2 **Avversità comuni**

Vespe e calabroni *(Vespa spp.)*

RICONOSCIMENTO Le vespe sono insetti sociali lunghi da 10 a 50 mm con il corpo bruno o nero a strisce gialle. Il calabrone (*Vespa crabro*) è la più grande vespa sociale presente in Europa.
Questi animali si nutrono del nettare dei fiori e di piccoli insetti, ma alla fine della stagione estiva ricercano gli zuccheri disponibili nei frutti, in particolare in quelli già lesionati da altre avversità. Le vespe muoiono al sopraggiungere dei primi freddi.
La presenza di vespe e calabroni sulle piante vicine alle abitazioni rappresenta un pericolo per gli uomini, perché la puntura di questi insetti può scatenare forme allergiche anche gravi.

▶ VEDI CAP. 2 **Avversità comuni**

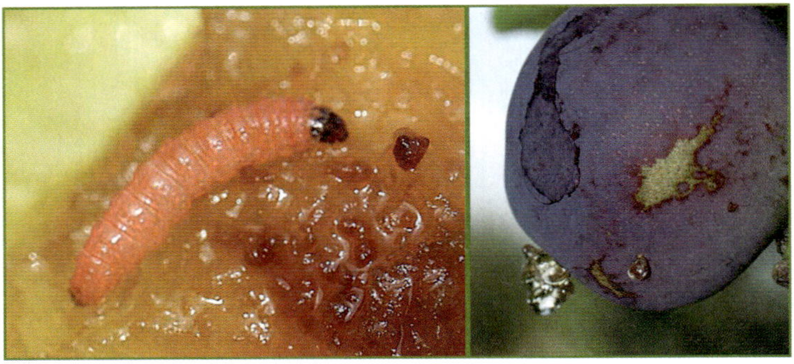

Cydia del susino *(Cydia funebrana)*

RICONOSCIMENTO La cidia del susino è una farfalla con un'apertura alare di 12-15 mm con ali anteriori grigio-brune con screziature biancastre simili a quelle della *Cydia molesta*. Le larve rosate o rossastre e lunghe 10-15 mm trascorrono l'inverno imbozzolate sotto la corteccia. Dopo la fioritura inizia il volo degli adulti. In questo periodo le femmine depongono sui frutticini le uova, da cui nascono larve, che subito entrano nei frutti per mangiarne la polpa. I frutti attaccati di solito cadono a terra. Durante la stagione si susseguono 2-3 generazioni (ciclo adulto-uovo-larva).
I danni sono più rilevanti quando i frutti sono pochi numerosi e la varietà coltivata è a raccolta tardiva (dopo metà agosto).

CURE COLTURALI E PRATICHE DI PREVENZIONE La protezione delle chiome con reti antinsetto ▶ o dei frutti con sacchetti di carta ▶ potrebbe dimostrarsi efficace, ma attualmente mancano conferme sperimentali sull'applicazione di questo metodo di difesa dalla *Cydia funebrana*.

▶ VEDI CAP. 7 Trappole, recinzioni, coperture e altri sistemi di protezione

TRAPPOLE Nei piccoli frutteti o per le piante isolate si può ridurre significativamente la popolazione di Cydia raccogliendo le larve svernanti in trappole realizzate applicando cartoni ondulati intorno al tronco delle piante alla fine dell'estate, in modo da raccogliere le larve che vi cercano rifugio per l'inverno. Durante la stagione vegetativa l'uso di trappole alimentari ▶ può contribuire a ridurre i danni provocati dal parassita.

▶ VEDI CAP. 7 Trappole, recinzioni, coperture e altri sistemi di protezione

TRATTAMENTI Se la superficie di coltivazione è pari ad almeno un ettaro è possibile adottare i metodi della confusione o della distrazione sessuale impiegando erogatori di feromoni. ▶ Il momento della loro applicazione dipende dal prodotto commerciale prescelto; generalmente coincide con la prima metà di aprile.
I trattamenti si eseguono a partire dall'allegagione dopo aver verificato che le catture nelle trappole a feromoni ▶ utilizzate per il monitoraggio siano più di 10 a settimana oppure che i frutticini attaccati superino il 10%.
Il primo trattamento si esegue 7 giorni dopo il verificarsi di queste condizioni utilizzando *Bacillus thuringiensis*. ▶ I trattamenti vanno ripetuti ogni 7-9 giorni fino a quando le soglie di intervento sono superate. Per migliorare l'efficacia del trattamento è meglio controllare che l'acqua abbia un pH pari a 6-7 (eventualmente aggiungere aceto) e aggiungere alla miscela antipa-

▶ VEDI CAP. 3 Prodotti fitosanitari vegetali e minerali

▶ VEDI CAP. 7 Trappole, recinzioni, coperture e altri sistemi di protezione

▶ VEDI CAP. 8 Prodotti fitosanitari microbiologici

rassitaria olio bianco estivo ▶ alla dose di 300-500 cc/hl (3-5 g/l) e zucchero alla dose di 1 Kg/hl (10 g/l).

▶ VEDI CAP. 3 Prodotti fitosanitari vegetali e minerali

Tentredini del susino *(Hoplocampa minuta e Hoplocampa flava)*

RICONOSCIMENTO Gli adulti della tentredine del susino sono lunghi 3-4 mm e di colore nerastro. Le larve sono bianche o giallastre si nutrono dei frutticini. Gli adulti trascorrono l'inverno nel terreno e compaiono in campo a cavallo della fioritura, deponendo le uova alla base dei sepali del fiore durante la fioritura. Le deposizioni continuano anche dopo la caduta dei petali. Ogni larva danneggia normalmente 3-4 frutti. Questi cadono a terra e si riconoscono perché sono evidenti i fori di uscita del parassita e un'ampia cavernosità ripiena di escrementi neri. Se le larve vengono toccate emettono un leggero odore, simile a quello della cimice.
I rischi maggiori sono legati ad una popolazione elevata, ad una fioritura scarsa e ad una scarsa allegagione (passaggio da fiore a frutto). Questa ultima condizione è più frequente nei susini cino-giapponesi.
Alcune varietà (Burbank, S. Rosa, Regina Claudia, Damaschina) sono particolarmente suscettibili a questi parassiti.

TRAPPOLE Per piante isolate o poco numerose si può provvedere alla cattura massale impiegando trappole cromotropiche bianche. ▶

▶ VEDI CAP. 7 Trappole, recinzioni, coperture e altri sistemi di protezione

PREPARATI VEGETALI L'impiego di un decotto di legno quassio, ▶ dalla prefioritura alla caduta dei petali, disturba il parassita e non interferisce con l'attività dei pronubi.

▶ VEDI CAP. 4 Preparati vegetali

TRATTAMENTI I trattamenti si eseguono se le trappole cromotropiche bianche ▶ installate per il monitoraggio catturano 15-20 adulti in una settimana oppure se si accerta che almeno il 10% dei bottoni fiorali presenta larve o fori. Si utilizza il piretro ▶ addittivato con olio bianco estivo eseguendo due trattamenti uno prima e uno dopo la fioritura.

▶ VEDI CAP. 7 Trappole, recinzioni, coperture e altri sistemi di protezione
▶ VEDI CAP. 3 Prodotti fitosanitari vegetali e minerali

Monilia *(Monilia laxa e Monilia fructigena)*

RICONOSCIMENTO L'infezione è causata da funghi del genere *Monilia*. I fiori colpiti imbruniscono e seccano, talvolta coprendosi di una muffa grigia. I rametti manifestano tacche depresse che possono fessurarsi longitudinalmente; la parte terminale del rametto muore, mentre le foglie inserite in quella parte avvizziscono rimanendo pendule sul rametto stesso.

I frutticini marciscono e si ricoprono di una muffa grigia, mentre sui frutti in maturazione si formano macchie rotondeggianti marcescenti di colore bruno, su cui si differenziano cuscinetti concentrici giallo-ocra. Successivamente si assiste alla loro mummificazione.

La prima infezione avviene anche con temperature relativamente basse prima della schiusura dei fiori, se la pianta rimane bagnata per qualche ora (non sono necessarie le piogge).

Le infezioni possono continuare fino a quando le temperature non superano i 27-28° C.

Nelle primavere molto piovose e umide questa avversità può distruggere completamente i fiori e colpire tutti i frutti.

▸ VEDI CAP. 2 **Avversità comuni**

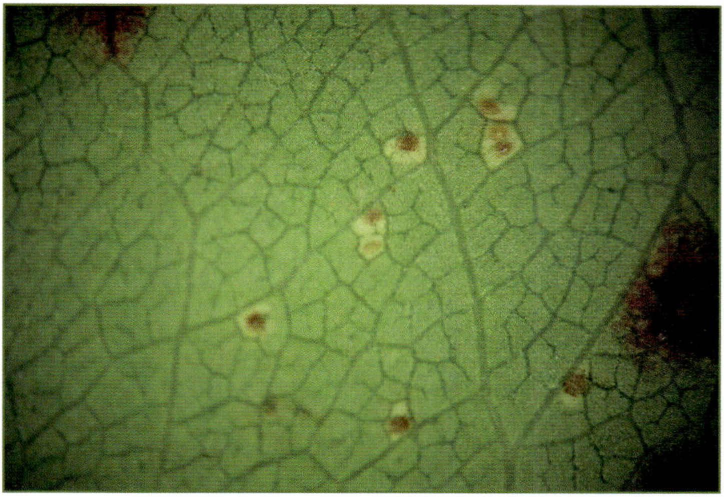

Ruggine del susino *(Tranzschelia discolor e Tranzschelia pruni-spinosae)*

RICONOSCIMENTO Questo fungo sverna sulle foglie ammalate e cadute al suolo oppure sui rametti e sui frutti. Le infezioni iniziano precocemente sui rami bassi e si manifestano con piccole macchie gialle.

In seguito si formano piccole pustole, di solito nella pagina inferiore delle foglie.

In condizioni di forte umidità o di piogge primaverili persistenti il parassita può determinare una completa defogliazione.

Le piante colpite tendono ad emettere "gomma" anche durante la stagione successiva all'attacco.

La ruggine colpisce particolarmente le susine europee.

PRODOTTI NATURALI L'impiego di preparati a base di equiseto ▶ contribuisce a ridurre il rischio di infezione.

▶ VEDI CAP. 4 Preparati vegetali

TRATTAMENTI Quando i germogli attaccati superano il 10% si interviene utilizzando prodotti a base di zolfo ▶ e ripetendo il trattamento ogni 7-10 giorni se il clima rimane umido e piovoso.

▶ VEDI CAP. 3 Prodotti fitosanitari vegetali e minerali

In caso di danni durante la stagione è opportuno eseguire un trattamento con prodotti rameici ▶ alla caduta delle foglie per abbassare il potenziale di inoculo per la stagione successiva.

▶ VEDI CAP. 3 Prodotti fitosanitari vegetali e minerali

Peronospora *(Plasmopara viticola)*

RICONOSCIMENTO La peronospora può aggredire tutti i tessuti verdi della vite, soprattutto durante il loro accrescimento. Sulle foglie l'infezione si evidenzia sulla pagina superiore con macchie di aspetto rotondeggiante (le caratteristiche macchie d'olio) e di colore giallastro, da cui si sviluppa, nella pagina inferiore, una patina biancastra costituita dagli organi riproduttivi del fungo. In seguito le parti colpite si disseccano. Sui tralci erbacei e sui germogli si verificano imbrunimenti con i tessuti che si presentano allessati e poi si evidenzia la caratteristica efflorescenza biancastra.

Il danno a carico dei fiori (con allessatura e incurvamento a S del grappolo) e degli acini (imbrunimenti e disseccamento) è il più grave, perché determina la perdita del prodotto.

Il fungo sverna nelle foglie infette cadute a terra. L'infezione inizia quando le temperature minime sono superiori a 10° C, quando si verificano piogge di almeno 10 mm in 48 ore e quando la lunghezza dei germogli raggiunge almeno i 10 cm. Queste condizioni sono note come "regola dei tre 10". Il sintomi compaiono dopo un periodo che dipende dalla temperatura e dall'umidità e varia da 10-15 giorni ad inizio stagione fino ad a 2-3 giorni in giugno. Se le condizioni sono favorevoli, soprattutto per la prolungata bagnatura della vegetazione, il fungo continua a diffondersi per tutta la stagione grazie alle spore che fuoriescono dagli organi colpiti dalle infezioni primarie.

CURE COLTURALI La scelta di varietà resistenti permette di evitare i numerosi trattamenti necessari per il controllo di questa malattia. Non esistono limitazioni per le uve da tavola e per quelle destinate ad ottenere vini per il consumo personale. Invece l'uso di queste varietà potrebbe non essere consentito per la produzione di vino da immettere sul mercato.

PRODOTTI NATURALI L'impiego di prodotti naturali non è in grado di sostituire i trattamenti rameici, ▶ ma una strategia mirata alla diminuzione delle quantità di rame utilizzato prevede l'impiego di argille acide ▶ ad inizio stagione, quando la pressione del patogeno è più bassa. Inoltre i preparati a base di equiseto e salice ▶ contribuiscono a rinforzare le difese delle piante contro la peronospora.

▶ VEDI CAP. 3 Prodotti fitosanitari vegetali e minerali

▶ VEDI CAP. 5 Rimedi naturali

▶ VEDI CAP. 4 Preparati vegetali

TRATTAMENTI Il primo trattamento si esegue utilizzando prodotti a base di rame ▶ al raggiungimento delle condizioni indicate dalla "regola dei tre 10" oppure facendo riferimento alle indicazioni dei bollettini fitopatologici. In seguito, è necessario ripetere il trattamento prima di ogni evento piovoso: in questo modo si assicura la completa copertura di tutta la vegetazione per 2-4 giorni. Dopo tale periodo in caso di previsione di pioggia è necessario ripetere l'intervento. Nelle zone in cui la bagnatura fogliare dovuta alla rugiada mattutina si protrae molto a lungo è comunque preferibile eseguire un trattamento a settimana.

▶ VEDI CAP. 3 Prodotti fitosanitari vegetali e minerali

In assenza di sintomi si possono sospendere i trattamenti all'inizio di luglio, altrimenti è necessario proseguire con la medesima strategia fino in prossimità della raccolta. Il controllo di questo fungo richiede nelle annate più sfavorevoli, nelle zone più a rischio e sulle cultivar più sensibili fino a 20 trattamenti.

Ad inizio stagione è meglio utilizzare l'idrossido di rame o il solfato di rame ▶ perché hanno un effetto più efficace, a partire da metà giugno si può passare all'ossicloruro di rame o alla poltiglia bordolese ▶ che assicurano una maggiore persistenza.

▶ VEDI CAP. 3 Prodotti fitosanitari vegetali e minerali

L'impiego di fertilizzanti a base di gluconato di rame ▶ al posto dei fitofarmaci rameici sembra garantire un buon controllo della malattia e una consistente riduzione delle quantità di rame impiegate.

▶ VEDI CAP. 3 Prodotti fitosanitari vegetali e minerali

Oidio *(Oidium tuckeri)*

RICONOSCIMENTO L'oidio può attaccare tutti gli organi verdi della vite, ma i danni maggiori sono a carico delle infiorescenze, dei grappoli e dei singoli acini. I

grappoli sono molto suscettibili all'infezione in fioritura, mentre la sensibilità si riduce notevolmente quando gli acini raggiungono i 4-6 mm di diametro.
Gli acini colpiti restano più piccoli del normale e presentano un caratteristico odore di pesce. Su di essi può formarsi una muffa biancastra, inoltre tendono a spaccarsi e a favorire lo sviluppo successivo della muffa grigia.
Le foglie colpite presentano muffe dense bianco-grigiastre e necrosi delle nervature nella pagina inferiore delle foglie.
L'oidio sverna nelle gemme e fra le screpolature della corteccia. Le infezioni primarie si verificano in genere a partire da fine maggio e i sintomi si manifestano a distanza di 7-12 giorni dall'infezione.
Gli attacchi sono poco prevedibili, perché questo fungo è poco influenzato dalle condizioni ambientali, anche se la pioggia svolge un'azione frenante sul suo sviluppo.

CURE COLTURALI E PRATICHE DI PREVENZIONE Nelle zone a maggior rischio e sulle varietà più sensibili è utile favorire l'arieggiamento della chioma con un sistema di allevamento appropriato e con una potatura verde (sfogliatura, sfemminellatura e spollonatura) tempestiva.

PRODOTTI NATURALI I preparati a base di equiseto e tarassaco ▶ contribuiscono a rinforzare le difese delle piante contro l'oidio. Anche i trattamenti con bicarbonato di sodio o lecitina ▶ possono ridurre i danni provocati dal fungo.
Quando sono presenti i sintomi e le temperature sono elevate l'impiego della miscela NAB ▶ al posto dello zolfo riduce i rischi di fitotossicità.

TRATTAMENTI Nelle zone rischio, sulle varietà più sensibili e nel caso di forti infestazioni nella stagione precedente si interviene al germogliamento utilizzando zolfo ▶ oppure, se le temperature sono inferiori ai 10°C *Ampelomyces quisqualis*. ▶
Generalmente si eseguono tre trattamenti a distanza di 7-10 giorni prima della fioritura. Successivamente si tratta con zolfo ogni 10-15 giorni anche in assenza della malattia.
Nelle altre situazioni i trattamenti si effettuano solo in presenza dei sintomi della malattia.
Dopo l'invaiatura i trattamenti proseguono solo in presenza della malattia. Sulle uve da vino devono essere sospesi in prossimità della raccolta per non interferire con la fermentazione del mosto.

▶ VEDI CAP. 4
Preparati vegetali

▶ VEDI CAP. 5
Rimedi naturali

▶ VEDI CAP. 5
Rimedi naturali

▶ VEDI CAP. 3
Prodotti fitosanitari vegetali e minerali

▶ VEDI CAP. 8
Prodotti fitosanitari microbiologici

Muffa grigia *(Botrytis cinerea)*

RICONOSCIMENTO La muffa grigia è un fungo ubiquitario e poco specializzato, che penetra nei tessuti vegetali principalmente attraverso lesioni già esistenti.
Gli acini colpiti presentano un diffuso marciume molle e in pochi giorni si coprono di un tappeto di micelio color grigio topo se la stagione ha un decorso umido e piovoso, altrimenti disseccano.
Il fungo si diffonde rapidamente tra acini contigui in particolar modo nelle cultivar a grappolo serrato, tanto che alla fine l'intero grappolo può essere interessato dall'infezione.
La botrite colpisce anche gli organi verdi della pianta provocando macchie bruno chiaro sui fusti e, meno frequentemente le foglie a partire dal margine fogliare.
Gli attacchi sono particolarmente gravi in prossimità della raccolta e in stagioni con andamenti piovosi.
Nelle uve da vino il danno non si limita alla perdita di produzione, ma determina anche un peggioramento della qualità del vino.

CURE COLTURALI E PRATICHE DI PREVENZIONE Gli interventi di potatura verde che favoriscono l'arieggiamento della chioma e una accurata difesa da altri patogeni (oidio, tignole) che possono provocare ferite sui frutti riducono il rischio di infezioni botritiche.

PRODOTTI NATURALI L'impiego di bicarbonato di sodio ▶ prima della chiusura del grappolo riduce i rischi di infezioni botritiche.

▶ VEDI CAP. 5 Rimedi naturali

TRATTAMENTI Nelle zone soggette alla muffa grigia e sulle cultivar a grappolo serrato si interviene sempre in via preventiva utilizzando in prechiusura grappolo prodotti a base di zolfo, ▶ preferibilmente in polvere, di bentonite, ▶ di *Trichoderma harzianum, Bacillus subtilis* ▶ oppure di bicarbonato di potassio ▶ addizionato a un olio estivo.
Nelle zone e sulle cultivar poco soggette alla muffa grigia gli interventi preventivi si eseguono nelle stagioni molto umide e quando sono occorsi eventi che hanno provocato lesioni agli acini.

▶ VEDI CAP. 3 Prodotti fitosanitari vegetali e minerali
▶ VEDI CAP. 5 Rimedi naturali
▶ VEDI CAP. 8 Prodotti fitosanitari microbiologici
▶ VEDI CAP. 3 Prodotti fitosanitari vegetali e minerali

Tignoletta della vite *(Lobesia botrana)*

RICONOSCIMENTO Questo lepidottero ha un'apertura alare 10-12 mm e ali marmorizzate di colore grigio con screziature giallo-brune e azzurre. Le larve giovani sono di colore ocra-nocciola e con il capo scuro, poi il corpo diviene più scuro e il capo più chiaro.

La tignoletta sverna come crisalide sotto la corteccia del ceppo e nelle screpolature dei pali di sostegno. Compie 2-3 generazioni annuali (crisalide-adulto-larva): i danni sono causati soprattutto dall'ultima generazione che danneggia la buccia degli acini in via di maturazione.

Le lesioni provocate dalla tignoletta favoriscono la formazione di marciumi, l'insediamento della muffa grigia e attraggono le vespe. Nelle uve da tavola la presenza delle larve negli acini impedisce il consumo (e la vendita) del grappolo.

TRATTAMENTI Se il vigneto ha una dimensione di almeno 2 ha è possibile applicare i metodi della confusione o della distrazione sessuale.▶

▶ VEDI CAP. 7
Trappole, recinzioni coperture e altri sistemi di protezione

Nelle zone notoriamente infestate, a partire dalla metà di giugno, si interviene con *Bacillus thuringiensis var. kurstaki*▶ 10-12 giorni dopo che sono iniziate le catture nelle trappole per il monitoraggio. In questo caso i trattamenti devono proseguire fino a quando proseguono le catture nelle trappole.

▶ VEDI CAP. 8
Prodotti fitosanitari microbiologici

Nelle zone con infestazioni occasionali si interviene sempre con *Bacillus thuringiensis var. kurstaki*▶ dopo aver accertato che l'8-10% dei grappoli è danneggiato.

▶ VEDI CAP. 8
Prodotti fitosanitari microbiologici

I trattamenti vanno poi ripetuti ogni volta che viene superata la soglia di danno indicata.

Flavescenza dorata

RICONOSCIMENTO È una malattia causata da un fitoplasma, sorta di batterio senza parete cellulare, che si trasmette da una pianta all'altra grazie alle punture di un insetto vettore, la cicalina *Scaphoideus titanus*.

I sintomi compaiono all'inizio dell'estate e crescono di intensità fino alla vendemmia.

Il colore della foglia si altera anche lungo le nervature con arrossamenti nelle uve nere e ingiallimenti nelle uve bianche. Inoltre le foglie aumentano il loro spessore e diventano di consistenza cartacea prima di accartocciarsi verso il basso, assumendo una forma a triangolo e, talora, cadere prematuramente lasciando il picciolo attaccato al ramo.

Sui rami gli internodi si presentano ravvicinati e assumono un andamento a zig-zag, i tralci stentano a lignificare, restano verdi e si ripiegano verso il basso dando alla vite un aspetto cadente. Inoltre si ricoprono di piccoli puntini neri e, nella primavera successiva, stentano a germogliare.

I medesimi sintomi della flavescenza sono provocati da un altro fitoplasma: il legno nero. La lotta contro la flavescenza dorata è obbligatoria ai sensi del DM del 31-5-00.

CURE COLTURALI E PRATICHE DI PREVENZIONE Le viti che presentano i sintomi della flavescenza devono essere estirpate secondo le prescrizioni dettate dalla lotta obbligatoria. In alcuni casi, però, potature particolari rivolte a rinnovare interamente la pianta hanno portato alla remissione dei sintomi della flavescenza.

TRATTAMENTI Non esiste alcun prodotto in grado di combattere la flavescenza, per cui gli interventi di lotta obbligatoria si rivolgono contro il suo vettore.

Ogni Regione ha emanato disposizioni specifiche sulla esecuzione dei trattamenti contro lo Scafoideo. Le indicazioni che stabiliscono i momenti di intervento vengono diffuse in tutte le zone viticole. In agricoltura biologica i trattamenti vengono eseguiti con il piretro. ▶

▶ VEDI CAP. 3
Prodotti fitosanitari vegetali e minerali

Vespe e calabroni *(Vespa spp.)*

RICONOSCIMENTO Le vespe sono insetti sociali lunghi da 10 a 50 mm con il corpo bruno o nero a strisce gialle. Il calabrone (*Vespa crabro*) è la più grande vespa sociale presente in Europa.
Si nutrono del nettare dei fiori e di piccoli insetti, ma alla fine della stagione estiva ricercano gli zuccheri disponibili nei frutti, in particolare in quelli già lesionati da altre avversità. Le vespe muoiono al sopraggiungere dei primi freddi.
La presenza di vespe e calabroni sulle piante vicine alle abitazioni rappresenta un pericolo per gli uomini, perché la puntura di questi insetti può scatenare forme allergiche anche gravi.

▶ VEDI CAP. 2 **Avversità comuni**

Cornacchia

Uccelli

RICONOSCIMENTO Gli uccelli danneggiano prevalentemente i frutti maturi. Le specie più dannose sono merli e storni, in particolare gli assembramenti di storni migranti puntano quasi esclusivamente l'uva. Più lo stormo è consistente e più il danno è rilevante.
I danni possono essere causati anche da altri volatili in particolare dai tordi.

▶ VEDI CAP. 2 **Avversità comuni**

CAPITOLO 2

Avversità comuni

AFIDI DEGLI AGRUMI

RICONOSCIMENTO Sono molti gli afidi che aggrediscono gli agrumi. I più dannosi sono l'afide verde degli agrumi (*Aphis spiraecola*), l'afide bruno degli agrumi (*Toxoptera aurantii*) e l'afide del cotone (*Aphis gossypii*).

L'afide verde degli agrumi attacca soprattutto arancio, mandarino e clementine. Si riconosce per il colore verdognolo e per i sifoni e la parte terminale dell'addome di colore brunastro.

I danni si manifestano principalmente su foglie e germogli, dove provoca accartocciamenti fogliari e ostacola lo sviluppo della pianta. Può essere responsabile anche della colatura dei fiori e della cascola dei frutticini.

L'afide bruno è di colore rosso, nero o marrone. Sugli agrumi provoca la deformazione delle foglie, senza accartocciamenti vistosi.

L'afide del cotone presenta colorazioni variabili giallastre, verdognole, ma anche grigio scuro. Infesta soprattutto aranci, mandarini, clementine.

Tutti gli afidi producono un'abbondante melata che imbratta la vegetazione e favorisce lo sviluppo di fumaggini. Infine, spesso, sono responsabili della diffusione di virosi come ad esempio la *Tristeza*.

CURE COLTURALI E PRATICHE DI PREVENZIONE Le aree di compensazione ecologica e la presenza del cotico erboso favoriscono la presenza di numerosi predatori e parassiti degli afidi, che forniscono un importante aiuto nel controllo di questi parassiti.

Le fasce di plastica o di alluminio cosparse di colla applicate al tronco impediscono la risalita delle formiche. Questi insetti "allevano" gli afidi, e porre ostacoli alla loro attività frena la diffusione dei parassiti.

L'attività delle formiche può essere disturbata anche spennellando di calce il tronco e/o distruggendo i formicai con la lavorazione del terreno, oppure coltivando in prossimità delle piante da proteggere essenze odorose che disturbano le formiche, come la lavanda, il tanaceto e l'assenzio. ▶

▶ VEDI CAP. 4
Preparati vegetali

ORGANISMI UTILI I lanci dei predatori *Adalia bipunctata* e *Chrysoperla carnea* possono essere abbinati a quelli degli iperparassiti del genere *Aphidius* ▶ per ottenere un buon controllo degli afidi. Questi lanci possono avere anche l'obiettivo di introdurre questi organismi utili nel frutteto o di aumentare la loro popolazione.

▶ VEDI CAP. 6 Organismi utili

PRODOTTI NATURALI L'impiego di preparati repellenti a base di assenzio, aglio, lavanda, felce e/o tanaceto ▶ può ritardare o impedire l'attività degli afidi. I trattamenti a base di sapone di Marsiglia ▶ sono efficaci nel ridurre la popolazione degli afidi quando assicurano la copertura delle colonie del parassita.

▶ VEDI CAP. 4 Preparati vegetali
▶ VEDI CAP. 5 Rimedi naturali

TRATTAMENTI Le piante giovani e i reinnesti sono particolarmente suscettibili agli attacchi di afidi. I trattamenti contro gli afidi si eseguono di solito solo su queste piante.
Si interviene alla ripresa vegetativa primaverile quando i getti colpiti da afide verde sono più del 5% sul mandarino o più del 10% sull'arancio, oppure quando i germogli colpiti da afide bruno o afide del cotone sono più del 25%.
Di solito si usa una miscela insetticida composta da piretro e olio bianco estivo. ▶ In alternativa si può trattare con un prodotto a base di *Beauveria bassiana*, ▶ soprattutto se è necessario ripetere l'intervento.

▶ VEDI CAP. 3 Prodotti fitosanitari vegetali e minerali
▶ VEDI CAP. 8 Prodotti fitosanitari microbiologici

Afide del cotone

COCCINIGLIE DEGLI AGRUMI

Ceroplastes sinensis

RICONOSCIMENTO Si tratta di numerose specie di insetti parassiti appartenenti alla superfamiglia Coccoidea: la Cocciniglia rosso forte (*Aonidiella aurantii*), la cocciniglia bianca del limone (*Aspidiotus nerii*), la Cocciniglia mezzo grano di pepe (*Saissetia oleae*), la cocciniglia a virgola (*Mytilococcus beckii*), la cocciniglia serpetta degli agrumi (*Mytilococcus gloverii*), la cocciniglia elmetto degli agrumi (*Ceroplastes sinensis*), la cocciniglia piatta degli agrumi (*Coccus hesperidum*), la cocciniglia marezzata degli agrumi (*Coccus pseudomagnoliarum*), il cotonello (*Planococcus citri*) e il cotonello citrofilo (*Pseudococcus calceolariae*).

Si caratterizzano da un corpo rivestito di sostanze che formano uno scudo protettivo di forma e colore tipici per ogni specie.

Formano incrostazioni sui rami e sulla pagina inferiore delle foglie e danneggiano i frutti con le loro punture, riconoscibili perché provocano alterazioni nel colore della buccia.

Oltre ai danni diretti sui frutti e alla sottrazione della linfa provocano danni indiretti causati dall'emissione di melata, che imbratta la vegetazione e favorisce lo sviluppo di fumaggini.

CURE COLTURALI E PRATICHE DI PREVENZIONE Le aree di compensazione ecologica e la presenza del cotico erboso favoriscono la presenza di numerosi predatori e parassiti che forniscono un importante aiuto nel controllo di questi parassiti. Applicare al tronco fasce di plastica o di alluminio cosparse di colla, in modo tale da impedire la risalita delle formiche che "allevano" gli afidi, riduce la diffusione dei parassiti. L'attività delle formiche può essere disturbata anche spennellando di calce ▶ il tronco e/o distruggendo i formicai con la lavorazione del terreno, oppure coltivando in prossimità delle piante da proteggere essenze odorose che disturbano le formiche, come la lavanda, il tanaceto e l'assenzio. ▶

▶ VEDI CAP. 3
Prodotti fitosanitari vegetali e minerali

▶ VEDI CAP. 4
Preparati vegetali

Durante il riposo vegetativo le cocciniglie possono essere rimosse eseguendo la spazzolatura dei tronchi.

ORGANISMI UTILI Quando i danni da Cocciniglia rosso forte sono presenti su almeno il 10% dei frutti, i lanci di *Aphytis melinus* consentono di ottenere un buon controllo di questo parassita. Per il controllo del cotonello e di altre coccinIglie è possibile, invece, effettuare lanci di *Cryptolaemus montrouzieri*. ▶

▶ VEDI CAP. 6 Organismi utili

PRODOTTI NATURALI I preparati a base di felce ▶ disturbano l'attività delle cocciniglie. Durante il riposo vegetativo si possono eseguire spennellature di olio vegetale ▶ sui rami colpiti, avendo cura di coprire bene gli scudetti in modo da provocare la morte per asfissia delle cocciniglie.
Anche l'impiego di pasta per tronchi ▶ può contribuire a ridurre la presenza di cocciniglie.

▶ VEDI CAP. 4 Preparati vegetali
▶ VEDI CAP. 5 Rimedi naturali
▶ VEDI CAP. 5 Rimedi naturali

TRATTAMENTI Durante lo sviluppo dei frutti, si interviene con olio bianco estivo ▶ se: sono presenti più di 2-4 insetti per frutto per la Serpetta, la Cocciniglia bianca e quella a virgola; 4 insetti in 40 cm di rametto per la Ceroplasta e la *Saissetia*; e il 10% dei frutti colpiti per la Cocciniglia rosso forte. I trattamenti vanno eseguiti nelle ore più fresche della giornata e vanno evitati in presenza di venti caldi, con temperature maggiori di 32° C e con umidità relativa inferiore al 30%.
Per il controllo della Cocciniglia rosso forte si esegue un trattamento con polisolfuro di calcio ▶ durante il riposo vegetativo, tutti gli anni, su limone e, solo in caso di forte infestazione nella stagione precedente, sugli altri agrumi.

▶ VEDI CAP. 3 Prodotti fitosanitari vegetali e minerali
▶ VEDI CAP. 3 Prodotti fitosanitari vegetali e minerali

Adulto di Cotonello citrofilo

CORINEO O VAIOLATURA O IMPALLINATURA O GOMMOSI PARASSITARIA

RICONOSCIMENTO Il fungo si manifesta sulle foglie provocando piccole tacche rosso-violacee circondate da un alone. Le parti attaccate tendono a staccarsi lasciando la foglia bucherellata.
Sui rami provoca fessurazioni dalle quali fuoriesce un essudato gommoso.
I frutti colpiti presentano inizialmente piccole macchie rossastre, che prima della maturazione evolvono in incrostazioni gommose.
Le stagioni con un andamento climatico umido favoriscono lo sviluppo del patogeno.

PREPARATI VEGETALI I preparati a base di equiseto e di tarassaco ▶ rinforzano la pianta contro le malattie fungine e hanno una blanda azione anticrittogamica.
L'impiego della pasta per tronchi disinfettante ▶ durante il periodo di riposo vegetativo contribuisce a controllare lo sviluppo del patogeno.

▶ VEDI CAP. 4 Preparati vegetali

▶ VEDI CAP. 5 Rimedi naturali

TRATTAMENTI Si esegue un trattamento preventivo alla caduta delle foglie con poltiglia bordolese. ▶
In caso di attacchi molto gravi è possibile ripetere l'intervento alla fine dell'inverno, quando le gemme cominciano a gonfiarsi.

▶ VEDI CAP. 3 Prodotti fitosanitari vegetali e minerali

MINATRICE SERPENTINA O FILLOMINATRICE DEGLI AGRUMI

RICONOSCIMENTO Le larve di questo piccolo lepidottero scavano delle mine nelle foglie nutrendosi a spese dell'epidermide.
Le mine causano accartocciamenti e disseccamenti fogliari, fino a provocarne la caduta nel caso di attacchi particolarmente gravi.
Le mine possono essere scavate anche sui germogli e sui rametti erbacei più teneri.
I danni sono particolarmente gravi sulle piante in allevamento, sui reinnesti o su piante che sono già deboli. L'insetto compie da 5 a 13 generazioni all'anno, ma è particolarmente pericoloso durante l'accrescimento dei frutti (estate-autunno).

CURE COLTURALI Le aree di compensazione ecologica e il cotico erboso favoriscono la presenza degli antagonisti della minatrice serpentina, assicurando un importante aiuto nel controllo di questo parassita.
È possibile proteggere le piante in allevamento e i reinnesti con reti antinsetto ▶ di tipo pesante, a maglia 15x11 mm, o con tessuto non tessuto, eventualmente dopo aver effettuato un trattamento preventivo con olio minerale bianco ▶ all'1%.

ORGANISMI UTILI I lanci dell'imenottero *Ageniaspis citricola* ▶ possono assicurare fino al 90% di parassitizzazione larvale.

TRATTAMENTI Tranne casi eccezionali, si interviene solo su impianti giovani o su reinnesti, trattando con Azadiractina, ▶ addizionata a olio bianco estivo come bagnante, appena si ravvisa la presenza di danni provocati dalla minatrice serpentina.

▶ VEDI CAP. 7
Trappole, recinzioni, coperture e altri sistemi di protezione

▶ VEDI CAP. 3
Prodotti fitosanitari vegetali e minerali

▶ VEDI CAP. 6
Organismi utili

▶ VEDI CAP. 3
Prodotti fitosanitari vegetali e minerali

MONILIA

RICONOSCIMENTO L'infezione è causata da funghi del genere *Monilia*. I fiori colpiti imbruniscono e seccano, talvolta coprendosi di una muffa grigia. I rametti manifestano tacche depresse che possono fessurarsi longitudinalmente; la parte terminale del rametto muore, mentre le foglie inserite in quella parte avvizziscono, rimanendo pendule sul rametto stesso.

I frutticini marciscono e si ricoprono di una muffa grigia, mentre sui frutti in maturazione si formano macchie rotondeggianti marcescenti di colore bruno, su cui si differenziano cuscinetti concentrici giallo-ocra. Successivamente si assiste alla loro mummificazione.

La prima infezione avviene anche con temperature relativamente basse prima dell'apertura dei fiori, se la pianta rimane bagnata per qualche ora (non sono necessarie le piogge).

Le infezioni possono continuare fino a quando le temperature non superano i 27-28° C.

Nelle primavere molto piovose e umide questa avversità può distruggere completamente i fiori e colpire tutti i frutti.

CURE COLTURALI Alla raccolta è opportuno allontanare dal campo (bruciandoli o compostandoli) i frutti colpiti (sia quelli ammuffiti, sia quelli rinsecchiti e mummificati) per ridurre il rischio di infezione nell'anno seguente.

Per lo stesso motivo è opportuno raccogliere ed eliminare dal campo, durante la potatura, i rami colpiti.

PREPARATI VEGETALI I preparati a base di equiseto e rafano ▶ distribuiti durante la fioritura contribuiscono a prevenire l'insorgere di danni da *Monilia*.

▶ VEDI CAP. 4
Preparati vegetali

TRATTAMENTI Il primo trattamento deve essere effettuato in prefioritura e ripetuto se permangono le condizioni favorevoli allo sviluppo del fungo, fino alla caduta dei petali e la scamiciatura dei frutti.

Si possono eseguire irrorazioni con prodotti a base di polisolfuro di calcio o

proteinato di zolfo, ▶ ma questi prodotti sono vietati durante la fioritura per la loro attività insetticida. In fioritura, o in alternativa ai suddetti prodotti, è possibile usare *Bacillus subtilis*. ▶
Se la stagione ha un andamento climatico piovoso è opportuno proteggere i frutti in preraccolta con *Bacillus subtilis* o proteinato di zolfo.
I trattamenti invernali con prodotti rameici ▶ contribuiscono a ridurre il potenziale di inoculo della malattia per la stagione successiva.
Quando le condizioni climatiche sono particolarmente avverse nessun prodotto è in grado di annullare il danno.

▶ VEDI CAP. 3
Prodotti fitosanitari vegetali e minerali
▶ VEDI CAP. 8
Prodotti fitosanitari microbiologici
▶ VEDI CAP. 3
Prodotti fitosanitari vegetali e minerali

MOSCA DELLA FRUTTA

RICONOSCIMENTO La mosca della frutta (*Ceratitis capitata*) è lunga 4-6 mm con occhi verdastri, torace grigio-giallastro, ali membranose con macchie colore giallo ocra e addome di colore giallo-arancio con barre trasversali grigio argentee. Le larve sono biancastre e si nutrono dei frutti sviluppandosi al loro interno.

È un insetto pericoloso soprattutto nelle regioni più calde, ma a volte causa danni anche nelle coltivazioni del Nord Italia. Di solito sverna come pupa nel terreno, a circa 10 cm di profondità e ogni anno compie un numero di generazioni che, nel Sud Italia, arriva fino a 6-7.

La femmina depone le uova all'interno dei frutti in maturazione, cioè quando aumenta il loro contenuto di zuccheri e diminuisce la loro acidità; di solito questo accade all'invaiatura, quando i frutti iniziano a virare di colore. I sintomi si manifestano due-tre settimane prima della maturazione e il decorso dell'infestazione è estremamente rapido: in pochi giorni il frutto viene distrutto dall'attività delle larve, che provocano il disfacimento e la marcescenza della polpa.

CURE COLTURALI E PRATICHE DI PREVENZIONE La protezione dei frutti con sacchetti di carta bianca o la copertura della chioma con reti antinsetto ▶ potrebbero essere soluzioni efficaci, ma attualmente mancano conferme sperimentali.

▶ VEDI CAP. 7
Trappole, recinzioni coperture e altri sistemi di protezione

TRAPPOLE La cattura massale con trappole alimentari o a feromoni ▶ è efficace quando si deve proteggere una superficie minima di almeno 1 ha.

▶ VEDI CAP. 7
Trappole, recinzioni coperture e altri sistemi di protezione

PRODOTTI NATURALI L'irrorazione delle piante con caolino, ▶ che svolge un'efficace azione repellente, si dimostra spesso efficace nel contenere i danni provocati dalla mosca della frutta, ma lascia tracce sui frutti.

▶ VEDI CAP. 5
Rimedi naturali

TRATTAMENTI Si interviene a partire dall'invaiatura appena iniziano le catture nelle trappole per il monitoraggio. Si utilizzano prodotti a base di Spinosad ▶ e un attrattivo alimentare da distribuire con piccoli quantitativi di acqua, solo su una parte della chioma e delle piante. Questi trattamenti vanno ripetuti ogni 8-12 giorni e ripetuti in caso di pioggia. In alternativa, quando la popolazione di partenza è bassa, si sono mostrati efficaci anche i trattamenti con prodotti a base di *Beauveria bassiana*. ▶

▶ VEDI CAP. 3
Prodotti fitosanitari vegetali e minerali

▶ VEDI CAP. 8
Prodotti fitosanitari microbiologici

MOSCERINO DEI PICCOLI FRUTTI

RICONOSCIMENTO Questo insetto *(Drosophila suzukii)*, di recente introduzione in Italia, si caratterizza per gli occhi grandi e rossi, e il corpo color miele con strisce più scure sull'addome.

Ogni femmina può deporre fino a 400 uova all'interno dei frutti, provocando una lacerazione del tessuto, che porta in breve tempo al disfacimento della polpa. Le larve sono bianche e raggiungono i 3-4 mm di lunghezza. La *Drosophila* può compiere 10-13 generazioni all'anno.

CURE COLTURALI La raccolta e l'allontanamento dei frutti caduti dal campo contribuisce a contenere la popolazione del fitofago. La protezione dei frutti con reti antinsetto ▶ è attualmente il metodo più sicuro di protezione dalla *Drosophila*.

▶ VEDI CAP. 7
Trappole, recinzioni coperture e altri sistemi di protezione

TRAPPOLE La cattura massale con trappole alimentari ▶ riduce in modo significativo la popolazione del parassita, ma garantisce una protezione solo parziale dei frutti.

▶ VEDI CAP. 7
Trappole, recinzioni coperture e altri sistemi di protezione

TRATTAMENTI Si interviene con Spinosad ▶ dopo aver verificato la presenza del parassita con trappole alimentari o dopo aver accertato danni sui frutti.

▶ VEDI CAP. 3
Prodotti fitosanitari vegetali e minerali

RODILEGNO ROSSO

RICONOSCIMENTO Gli adulti sono farfalle con un'apertura alare di 70-100 mm e con ali anteriori grigio-brune striate di scuro. Le larve presentano un dorso rosato o rosso scuro a seconda dell'età, zone ventrali giallastro-ocracee e capo scuro. Raggiungono a maturità la lunghezza di 80-100 mm e scavano gallerie nel legno nella zona del colletto, nelle grosse branche e nel tronco, provocando il deperimento della pianta e la caduta delle parti attaccate. Si riconoscono per la presenza di escrementi e rosura di legno appena fuori dai fori di penetrazione.

CURE COLTURALI Favorire la nidificazione di picchi con appositi nidi contribuisce a limitare la presenza del rodilegno.
È possibile anche uccidere direttamente le larve infilando un fil di ferro, abbastanza flessibile, con un capo ripiegato a U dentro le gallerie.

TRAPPOLE La cattura di massa con trappole a feromoni, ▶ installate a metà maggio (8-10 trappole/ha ad altezza uomo), garantisce un buon controllo del fitofago.

▶ VEDI CAP. 7
Trappole, recinzioni, coperture e altri sistemi di protezione

ORGANISMI UTILI L'impiego di una sospensione di nematodi *Steinernema feltiae, S. bibionis* e *Neoaplectana carpocapsae* ▶ introdotta nei fiori utilizzando dei cotton fioc impregnati permette un buon controllo del parassita.

▶ VEDI CAP. 6
Organismi utili

TRATTAMENTI I trattamenti con *Bacillus thuringiensis var. kurstaki* ▶ vanno effettuati a partire da 3 settimane dopo l'inizio delle catture con le trappole per il monitoraggio e vanno ripetuti ogni 7-10 giorni fino a che continuano le catture.

▶ VEDI CAP. 8
Prodotti fitosanitari microbiologici

RODILEGNO GIALLO

RICONOSCIMENTO Gli adulti sono farfalle con un'apertura alare di 40-70 mm, ali anteriori bianche punteggiate da macchie nerastre o bluastre, torace bianco con 6 grosse macchie bluastre. Le larve, di colore giallastro con file longitudinali di punti nerastri, raggiungono a maturità la lunghezza di 50-60 mm; penetrano nella pianta dagli apici dei germogli, che avvizziscono, poi scavano gallerie nei rami, nelle branche e nei tronchi. Possono entrare e uscire più volte dagli organi colpiti.

CURE COLTURALI Per diminuire l'incidenza del danno è importante eliminare con la potatura, soprattutto quella verde, i germogli apicali colpiti. Quando non si può asportare l'organo colpito è possibile uccidere direttamente le larve infilando un fil di ferro, abbastanza flessibile, con un capo ripiegato a U dentro le gallerie. Inoltre, favorire la nidificazione di picchi con appositi nidi contribuisce ad aumentare la presenza di questi nemici naturali del rodilegno.

TRAPPOLE La cattura di massa con trappole a feromoni, ▶ installando a inizio maggio 10 trappole/ha, 30-50 cm al di sopra della vegetazione, garantisce un buon controllo del fitofago.

▶ VEDI CAP. 7 Trappole, recinzioni, coperture e altri sistemi di protezione

ORGANISMI UTILI L'impiego di una sospensione di nematodi *Steinernema feltiae, S. bibionis e Neoaplectana carpocapsae* ▶ introdotta nei fiori utilizzando dei cotton fioc impregnati della sospensione stessa permette un buon controllo del parassita.

▶ VEDI CAP. 6 Organismi utili

TRATTAMENTI I trattamenti con *Bacillus thuringiensis var. kurstaki* ▶ partono 3 settimane dopo l'inizio delle catture con trappole per il monitoraggio e si ripetono ogni 7-10 giorni fino a che continuano le catture.

▶ VEDI CAP. 8 Prodotti fitosanitari microbiologici

TINGIDE

RICONOSCIMENTO Gli adulti del tingide *(Stephanitis pyri)* misurano 3-3,3 mm di lunghezza e hanno il corpo scuro e appiattito. Le ali anteriori sono trasparenti e distese orizzontalmente sul corpo, segnate da una fitta reticolatura poligonale. Le forme giovanili sono più scure e prive di ali.
Il tingide sverna come adulto nella corteccia del pero e di piante spontanee e compie 3 generazioni all'anno. I danni si manifestano sulla pagine inferiore delle foglie, con punteggiature chiare inframezzate a puntini neri (sono gli escrementi). In presenza di popolazione elevate il danno può interessare tutta la foglia e provocare la defogliazione della pianta.

PRODOTTI NATURALI Il sapone di Marsiglia ▶ può essere utilizzato al posto dei prodotti fitosanitari con gli stessi criteri di intervento.

▶ VEDI CAP. 5
Rimedi naturali

TRATTAMENTI Si interviene se durante la fioritura le neanidi (forme giovanili) dell'insetto sono presenti sul 10% dei germogli. Questa soglia sale al 20% se nel campionamento è stata rilevata la presenza di antocoridi.
In questi casi si interviene con sapone molle di potassio ▶ oppure con piretro ▶ alla caduta petali, ripetendo gli interventi fino a quando la soglia di intervento viene superata.
In presenza di antocoridi e in caso di necessità di ripetizione dei trattamenti è preferibile evitare l'impiego del piretro. ▶
I trattamenti effettuati prima della ripresa vegetativa con il polisolfuro di calcio ▶ diminuiscono la popolazione del tingide e riducono i rischi di un'infezione.

▶ VEDI CAP. 5
Rimedi naturali

▶ VEDI CAP. 3
Prodotti fitosanitari vegetali e minerali

▶ VEDI CAP. 3
Prodotti fitosanitari vegetali e minerali

UCCELLI

Storno

RICONOSCIMENTO Gli uccelli danneggiano prevalentemente i frutti maturi. Le specie più dannose sono i merli e gli storni.
I danni possono essere provocati anche da passeri, ghiandaie, cornacchie e tordi.

CURE COLTURALI L'utilizzo di sistemi di dissuasione ottici (spaventapasseri, palloni terrifici, strisce riflettenti ecc.) ▶ riesce ad allontanare gli uccelli dalle colture. Questi mezzi vanno installati solamente quando i frutti sono prossimi alla maturazione o appena si notano i primi danni, perché gli uccelli si abituano presto alla loro presenza. Dopo la raccolta dei frutti, i mezzi dissuasivi devono essere immediatamente disattivati o ritirati.
Anche l'installazione di punti di abbeverata può contribuire a ridurre i danni, perché in alcuni casi gli uccelli si nutrono dei frutti per sete e per fame.
La copertura delle colture con reti ▶ impedisce ai volatili di raggiungere e danneggiare i frutti.
In prossimità dei frutteti, la presenza di siepi costituite da essenze i cui frutti maturano in concomitanza con le specie coltivate distoglie gli uccelli dal danneggiare la frutta. Ad esempio in prossimità dei meleti si può prevedere l'impiego di evonimo, caprifoglio, corniolo, sanguinello, crespino, sambuco nero, sorbo degli uccellatori, frangola e lantana.

▶ VEDI CAP. 7
Trappole, recinzioni, coperture e altri sistemi di protezione

▶ VEDI CAP. 7
Trappole, recinzioni, coperture e altri sistemi di protezione

VESPE E CALABRONI

RICONOSCIMENTO Le vespe sono insetti sociali lunghi da 10 a 50 mm, con il corpo bruno o nero a strisce gialle. Il calabrone (*Vespa crabro*) è la più grande vespa sociale presente in Europa.

Si nutrono del nettare dei fiori e di piccoli insetti, ma alla fine della stagione estiva ricercano gli zuccheri disponibili nei frutti, in particolare in quelli già lesionati da altre avversità. Le vespe muoiono al sopraggiungere dei primi freddi.

La presenza di vespe e calabroni sulle piante vicino alle abitazioni rappresenta un pericolo per gli uomini, perché la puntura di questi insetti può scatenare forme allergiche anche gravi.

CURE COLTURALI I frutti danneggiati devono essere eliminati tempestivamente per evitare di attrarre questi insetti.

TRAPPOLE La cattura massale con trappole ▶ innescate con attrattivi alimentari è spesso sufficiente ad evitare la presenza di vespe e calabroni sulle piante vicine alle abitazioni.

▶ VEDI CAP. 7
Trappole, recinzioni, coperture e altri sistemi di protezione

CAPITOLO 3

Prodotti fitosanitari vegetali e minerali

Prodotti fitosanitari vegetali e minerali

I prodotti fitosanitari sono sostanze attive e preparati contenenti uno o più principi attivi destinati a proteggere i vegetali dagli organismi nocivi e a eliminare le piante indesiderate. Sono proprio le sostanze attive che agiscono secondo specifiche modalità e contro determinati bersagli, a determinarne l'attività.
Le sostanze attive sono valutate ed ammesse dalla UE mentre i preparati, cioè i formulati commerciali, devono essere registrati nei singoli Stati membri. In Italia l'autorizzazione all'immissione in commercio di un prodotto fitosanitario è rilasciata dal Ministero della Salute su richiesta di chi lo produce o lo vende.
La loro commercializzazione è riservata a rivenditori autorizzati, con l'eccezione dei "prodotti fitosanitari per piante ornamentali" (PPO). Ma questi prodotti, acquistabili anche nei supermercati e nei garden center, possono essere usati solo per i trattamenti antiparassitari sulle piante presenti nell'ambiente domestico.

In ogni caso, prima di usare un fitofarmaco bisogna leggerne accuratamente l'etichetta che, tra le altre cose, riporta:

- le modalità di impiego del prodotto e le dosi a cui impiegarlo;
- l'elenco delle colture su cui l'impiego è autorizzato;
- le indicazioni di rischio e prudenza (cioè la segnalazione dell'infiammabilità o della corrosività del prodotto);
- gli effetti del prodotto sull'ambiente;
- l'intervallo di sicurezza (cioè il numero minimo di giorni che deve intercorrere fra l'impiego del prodotto e la raccolta);
- la classe di tossicità del prodotto.

Le classi di tossicità dei prodotti fitosanitari sono le seguenti:

1. T+: molto tossico	
2. T: tossico	
3. Xn:nocivo	

4. Xi: irritante	
5. - : non classificato m.c.p.	- nessun simbolo
6. --: non classificato	ATTENZIONE Manipolare con prudenza

L'acquisto di prodotti appartenenti alle prime tre classi è possibile solo per persone maggiorenni munite di un'apposita autorizzazione (patentino).

In agricoltura biologica possono essere utilizzate solo le sostanze attive pubblicate nell'Allegato II del Reg. CE 889/2008. I formulati che le contengono, con rarissime eccezioni, appartengono solo alle ultime tre classi di tossicità. Comunque anche in questo caso è indispensabile la lettura attenta delle etichette, perché permette di conoscere ed evitare i rischi che la loro manipolazione potrebbe comportare.
A seconda della composizione, i fitofarmaci utilizzabili in agricoltura biologica possono essere distinti in prodotti microbiologici e in prodotti di origine vegetale o minerale.

I prodotti fitosanitari suggeriti in questo libro

Così come le pratiche colturali suggerite in questo volume, anche i prodotti fitosanitari consigliati rientrano in una pratica dell'agricoltura pienamente rispettosa dell'ecosistema e quindi sono stati scelti tra quelli ammessi in agricoltura biologica. Questo non vuol dire che si tratta sempre di principi attivi privi di qualsiasi tossicità. La distribuzione di oli minerali, piretro, rame (per citarne solo alcuni) vanno comunque ad alterare l'equilibrio dell'ecosistema, possono essere dannosi anche per gli organismi utili e presentano una certa soglia di tossicità anche per l'uomo e gli animali domestici. Per tutti questi motivi, tutti i prodotti fitosanitari, anche quelli ammessi in agricoltura biologica, vanno utilizzati con la massima attenzione e solo quando sono necessari, rispettando le dosi e le precauzioni riportate nelle confezioni.

Inoltre, è bene sapere che molti dei prodotti fitosanitari presentati in questo capitolo oltre ad avere un'azione prevalente posseggono spesso anche attività secondarie: gli oli minerali impiegati per la loro azione insetticida possono agire anche come acaricidi, anticrittogamici e coadiuvanti; il rame svolge attività fungicida e battericida; il polisolfuro di calcio si usa come insetticida e fungicida, ma anche come diradante e così di seguito.

Le schede che seguono permettono di conoscere meglio le proprietà e l'impiego dei vari principi attivi, ma non sostituiscono in alcun modo l'etichetta o la scheda tecnica presente nelle confezioni, anche perché ad ogni sostanza attiva possono essere associati numerosi prodotti commerciali.

Azadiractina (*neem*)

L'Azadiractina è una sostanza estratta dai semi del neem (*Azadirachta indica*), un albero della famiglia delle Meliacee originario dell'India e della Birmania, oggi diffuso in tutte le regioni tropicali. Tra i numerosi principi attivi di interesse fitoiatrico contenuti negli organi di questa pianta quello più attivo è l'Azadiractina, concentrata soprattutto nei semi.

IMPIEGO L'Azadiractina è un insetticida che agisce per ingestione contro molti insetti: afidi, aleurodidi, cicaline, cimici, metcalfa, psille, minatori fogliari, tignole, tripidi. Possiede inoltre effetti collaterali sugli acari, sui nematodi e sui funghi.

Non ha effetti abbattenti sui fitofagi e la sua azione richiede un certo periodo di tempo per manifestarsi: è meglio quindi impiegare il prodotto al momento della comparsa dei parassiti.

Il numero di trattamenti da eseguire dipende dalla biologia dell'insetto che si intende contrastare. Ad esempio, contro l'afide grigio del melo spesso è sufficiente un unico trattamento prefiorale, mentre contro aleurodidi e tripidi si rendono necessari, dopo la comparsa dei parassiti, 2-3 trattamenti a distanza di una o due settimane.

È consigliabile eseguire gli interventi nelle ore più fresche della giornata.

Può essere utilizzato in miscela con piretrine, *Bacillus thuringiensis*, saponi e virus, ma è opportuno distanziare i trattamenti dagli interventi con funghi entomopatogeni o dai lanci di organismi utili.

Bisogna porre attenzione nel trattare alcune varietà di pero e alcune specie ornamentali sulle quali sono stati segnalati sintomi di fitotossicità.

MODALITÀ DI AZIONE Azadiractina agisce principalmente come regolatore di crescita, alterando lo sviluppo degli insetti negli stadi giovanili. Una volta ingerito, il neem determina un'interferenza ormonale, che può portare alla formazione delle "larve permanenti", cioè di larve incapaci di compiere la muta a causa della distruzione della cuticola. L'Azadiractina svolge inoltre attività fago-repellente e può ridurre la fecondità degli adulti e la fertilità delle uova dei parassiti.

DOSAGGIO Esistono diverse formulazioni in commercio che differiscono per le modalità di applicazione e dosaggi da utilizzare. È necessario quindi attenersi alle indicazioni presenti sull'etichetta.

TOSSICITÀ Nonostante l'ampio spettro d'azione, non è dannoso per gli insetti utili, api comprese, in quanto agisce prevalentemente per ingestione. Anche la tossicità nei confronti dei vertebrati appare trascurabile. Il principio attivo si degrada con il tempo e le alte temperature. In un luogo fresco si conserva al massimo per 2 anni.

NOTE I formulati commerciali sono molto più efficaci dell'olio di neem, perché hanno un contenuto in Azadiractina molto più elevato.

REPERIBILITÀ Può essere acquistato presso i rivenditori di mezzi tecnici per l'agricoltura, preferibilmente specializzati in agricoltura biologica, oppure on-line.

EFFICACIA Le prove sperimentali e di campo condotte in Italia e nel Nord Europa hanno confermato la capacità di Azadiractina di contrastare molti parassiti. Di particolare rilievo sono i risultati ottenuti nel controllo dell'afide grigio del melo. Si stima che ad oggi venga utilizzato su oltre 3.500 ha in gran parte coltivati con metodo biologico, ma il suo uso si sta diffondendo anche in agricoltura integrata, perché l'efficacia della sua azione è simile a quella degli insetticidi di sintesi.

Bicarbonato di potassio

Il bicarbonato di potassio si presenta sotto forma di polvere cristallina, bianca e inodore. Ottenuto a partire dall'idrossido di potassio e dall'anidride carbonica riscaldata, è naturalmente presente nel suolo ed è approvato come additivo alimentare (E501).
Da anni sono conosciute le sue proprietà fungicide.

IMPIEGO Si usa per il controllo dell'oidio su vite, fragola, ribes, uva spina, ortaggi e piante ornamentali.
È efficace anche contro la muffa grigia (*Botrytis cinerea*).
Agisce per contatto, quindi è necessario assicurare una buona bagnatura della vegetazione. La sua elevata solubilità in acqua aiuta a ottenere questo risultato perché la miscela presenta un'elevata adesività alle superfici.
I trattamenti si eseguono preventivamente o alla comparsa dei primi sintomi della malattia evitando la miscela con altri prodotti.
A concentrazioni superiori allo 0,5% può determinare effetti fitotossici sulle piante: bruciature fogliari, rugginosità, rischio di rugosità su uva da tavola. Nel dubbio, è bene trattare selettivamente solo una o poche foglie per verificare la sua innocuità, attendendo 24 ore prima di estendere il trattamento.

Ha un'efficacia paragonabile a quella dello zolfo, ma ha il vantaggio di poter essere utilizzato fino al momento della raccolta.

MODALITÀ D'AZIONE Agisce per contatto inibendo la crescita del fungo. Quando il bicarbonato giunge sulla foglia innalza il pH, con la conseguenza di inattivare gli enzimi necessari a solubilizzare e ad espandere le pareti cellulari e le membrane delle spore fungine.

DOSAGGIO Il dosaggio cambia con la coltura trattata. È necessario quindi fare riferimento all'etichetta.

TOSSICITÀ Non presenta rischi per la salute umana e non è pericoloso per l'ambiente. La tossicità verso i vertebrati appare trascurabile.
Dai dati disponibili non emergono problemi di tossicità nei confronti di organismi utili e impollinatori.

REPERIBILITÀ È reperibile presso i rivenditori specializzati in agricoltura biologica oppure on-line.

EFFICACIA L'attività antioidica è stata conclamata da molti studi condotti in Italia e in Europa, più incerti sembrano i risultati nel controllo della botrite.
È stata anche accertata un'attività contro la ticchiolatura del melo, ma si tratta ancora di prove sperimentali che attendono ulteriori conferme. Inoltre, per l'impiego in pieno campo è necessario attendere che il prodotto sia registrato come fitofarmaco.

Feromoni

NOTIZIE GENERALI I feromoni sono sostanze organiche volatili, che gli insetti secernono per comunicare fra di loro. Sono classificati in base alla reazione che inducono nell'individuo che li percepisce: sessuali, di aggregazione, di dispersione, di allarme, di traccia, di maturazione. Si tratta di sostanze specifiche: ogni specie ha i propri feromoni. In agricoltura si utilizzano feromoni ottenuti per sintesi chimica in grado di svolgere la stessa funzione attrattiva svolta dai feromoni sessuali emessi dalle femmine per attrarre i maschi ed essere fecondate.

IMPIEGO E MODALITÀ D'AZIONE Sono considerati prodotti fitosanitari quando sono impiegati con i metodi della confusione e della distrazione sessuale (vedi capitolo 7).

NOTE I feromoni non comportano rischi per l'uomo, i vertebrati e l'entomofauna utile.

REPERIBILITÀ Gli erogatori per i feromoni sono reperibili presso i rivenditori di mezzi tecnici specializzati in agricoltura biologica.

EFFICACIA I metodi della confusione e della distrazione sessuale sono molto efficaci quando sono rispettate le condizioni di impiego.
Questi metodi sono impiegati su larga scala anche in agricoltura convenzionale.

Olio essenziale di chiodi di garofano

L'olio di chiodi di garofano si ricava da una pianta (*Eugenia caryophyllata*) originaria delle isole Molucche (Indonesia), appartenente alla famiglia delle Myrtaceae. Il suo componente principale, responsabile dell'aroma e della fragranza, è l'eugenolo.

IMPIEGO Si usa per migliorare la conservabilità dei frutti nelle celle di stoccaggio.
Negli Stati Uniti, l'olio essenziale di chiodi di garofano è utilizzato in ambito civile, in formulazioni contenenti altri oli essenziali, come insetticida.
Sono conosciuti anche effetti antibotritici e come conciante per le sementi.

Oli minerali

Gli oli minerali derivano dalla distillazione frazionata del petrolio greggio. Sono delle miscele di idrocarburi alifatici (paraffine) e aromatici. In generale, i composti aromatici sono fitotossici oppure non hanno azione insetticida, perciò nella composizione dei formulati commerciali devono prevalere le paraffine. Per ottenere questo risultato gli oli vengono raffinati saturandone i doppi legami con acido solforico (solfonazione). Il grado di raffinazione di un formulato è indicato dal residuo insolfonabile (UR, unsulfonatable residue). Questo valore deve superare il 92%. Gli oli ben raffinati sono di colore bianco e hanno bassa viscosità e media densità. Con l'aumentare del valore UR diminuisce la fitotossicità dell'olio.

IMPIEGO Gli oli paraffinici sono utilizzati come insetticidi sin dalla fine dell'800. All'azione insetticida associano attività secondarie acaricide, fungicide e diserbanti. Agiscono soprattutto su insetti di piccole dimensioni e vengono impiegati principalmente contro afidi, cimici, tingidi, cocciniglie, psille, alcuni coleotteri come l'altica e il cleono. Sono attivi anche contro le uova di afidi, acari, ditteri, lepidotteri ecc.
Gli **oli invernali** sono utilizzati per i trattamenti durante il riposo vegetativo, mentre gli **oli primaverili-estivi**, più raffinati e meno fitotossici, sono utilizzabili anche durante il periodo vegetativo, purché le piante non siano in condizioni di stress e la temperatura non superi i 32° C.
Il prodotto va distribuito uniformemente sulla vegetazione asciutta, per permettere alla poltiglia di asciugarsi rapidamente sulla pianta.
I trattamenti con gli oli sono debolmente tossici per gli acari fitoseidi. È meglio quindi evitare la ripetizione a distanza ravvicinata di tre o più interventi con questi prodotti nella stagione primaverile-estiva, in modo da scongiura-

re lo sviluppo di acari parassiti causato dalla eliminazione dei loro predatori. Alcuni formulati sono tossici per le api e gli insetti utili. Questa caratteristica è segnalata in etichetta e richiede ulteriori precauzioni da parte dell'utilizzatore. La fitotossicità degli oli minerali cambia con le proprietà specifiche del formulato, della pianta, della varietà, della fase fenologica della coltura e dell'epoca di applicazione. Il rischio aumenta con temperature elevate e alta umidità relativa.
Gli oli minerali non possono essere mescolati con prodotti a base di zolfo e polisolfuri, e con antiparassitari a reazione alcalina (per esempio la poltiglia bordolese).
I trattamenti invernali devono essere distanziati di almeno 15 giorni da trattamenti a base di zolfo.

MODALITÀ D'AZIONE L'azione insetticida è determinata dall'occlusione degli spiracoli tracheali degli insetti con conseguente morte per asfissia.
Gli oli agiscono quindi soprattutto per contatto, ma presentano anche un'attività repellente, infatti inibiscono l'alimentazione e la ovideposizione di alcuni fitofagi.
L'azione ovicida si manifesta impedendo gli scambi gassosi dell'uovo con l'esterno, ma gli oli minerali possono anche causare la coagulazione del protoplasma dell'uovo e interferire in alcuni processi fisiologici dell'embrione.

DOSAGGIO Il dosaggio cambia con il formulato utilizzato, il periodo di intervento e la coltura trattata. È necessario quindi fare riferimento all'etichetta.

TOSSICITÀ Gli oli minerali hanno una bassa tossicità nei confronti dei mammiferi, ma possono essere letali per alcuni artropodi utili presenti sulla pianta al momento del trattamento.
La fitotossicità è una conseguenza della capacità degli oli di penetrare per capillarità all'interno dei tessuti vegetali. Questa caratteristica li rende degli ottimi sinergizzanti-coadiuvanti di altri antiparassitari, perché ne migliora la veicolazione all'interno della vegetazione e ne aumenta la persistenza.

REPERIBILITÀ I formulati commerciali sono reperibili presso la maggior parte di rivenditori di mezzi tecnici per l'agricoltura.

EFFICACIA La lunga esperienza nell'impiego degli oli minerali assicura sulla loro efficacia, in particolare per i trattamenti invernali.

Piretrine

Il piretro è un insetticida di origine vegetale ottenuto dai fiori del *Chrysanthemum cinerariaefolium*, attualmente coltivato soprattutto nelle regioni montuose del Kenia e della Tanzania, ma anche in Ecuador e in Nuova Guinea. I capolini del fiore contengono una miscela di principi attivi (piretrina I e II, cinerina I e II, jasmolina I e II) tutti con azione insetticida. Fra di essi è la piretrina I ad essere la più efficace. Conosciuto probabilmente sin dall'antichità, è noto per il suo effetto rapido, la bassa tossicità e la persistenza limitata. I formulati commerciali contengono quasi sempre sostanze ad attività sinergizzante e stabilizzante per evitare la rapida degradazione delle piretrine per l'esposizione all'aria e alla luce.

IMPIEGO Si impiega come insetticida contro molte specie di afidi, psille, tingidi, pentatomidi (cimici delle colture), cicaline e larve di lepidotteri.

Non è efficace contro gli acari parassiti, gli insetti terricoli come le larve di elateridi e contro gli insetti che si sviluppano all'interno dei frutti o dei fusti e contro gli adulti di dorifora e di cimice verde.

Nel passato, l'impiego indiscriminato del piretro e dei piretroidi[1] ha selezionato diffuse popolazioni di *Aphis gossypii* esistenti a questa sostanza.

Agisce per contatto, quindi per essere efficace si deve porre attenzione a ottenere una buona bagnatura della vegetazione. Per questo motivo non va impiegato contro insetti protetti anche solo dall'accartocciamento delle foglie.

I trattamenti eseguiti nelle ore serali e/o nelle giornate con scarsa luminosità sono i più efficaci, perché queste condizioni ritardano la degradazione del prodotto. L'impiego del piretro è consigliato per il contenimento di un attacco dei fitofagi non bilanciato da un'adeguata densità di ausiliari, perché non ne pregiudica il successivo insediamento, tanto che possono essere effettuati lanci di insetti utili, senza alcun rischio, a distanza di 24-36 ore dal trattamento. Tuttavia, l'esecuzione di 3-4 trattamenti consecutivi è da evitare perché i danni arrecati alla fauna utile possono essere tali da favorire lo sviluppo di altri parassiti (ad esempio il ragnetto rosso e il ragnetto giallo).

Il piretro non va miscelato con sostanze a reazione alcalina come la poltiglia bordolese e il polisolfuro di calcio. Sono invece frequenti, soprattutto quando il prodotto commerciale non contiene sinergizzanti, le miscele con oli minerali o saponi mirate ad aumentare la persistenza dell'azione insetticida.

MODALITÀ D'AZIONE Il piretro ha un'azione neurotossica. Interferisce con il sistema nervoso centrale degli insetti impedendo agli stessi di muoversi già pochi minuti dopo l'esposizione. A volte, però, per la rapida metabolizzazione delle piretrine, questo effetto non è sufficiente a causare la morte dell'insetto. La presenza nella miscela di piperonil butossido (PBO) o di oli vegetali ritarda la degradazione metabolica migliorando l'effetto insetticida dell'intervento.

L'uso del PBO in agricoltura biologica è controverso: il Regolamento CE lo autorizza, ma gli standard IFOAM, quelli di alcune organizzazioni private e quelli di Usa, Giappone e Svizzera lo vietano. Pertanto i formulati contenenti PBO non possono essere utilizzati quando si intende esportare in questi Paesi o quando si intende commercializzare con ulteriori certificazioni private (per esempio Bioland) i propri prodotti.

DOSAGGIO Il dosaggio cambia con il formulato utilizzato, il periodo di intervento e la coltura trattata. È necessario quindi fare riferimento all'etichetta.

1. Sono sostanze di sintesi chimica simili al piretro, caratterizzate da una maggiore persistenza e tossicità.

TOSSICITÀ La sostanza attiva è tossica anche nei confronti degli insetti utili ed è molto tossica per gli acari fitoseidi. Invece, la tossicità verso i vertebrati è trascurabile. In Italia sono registrati numerosi formulati commerciali caratterizzati anche da un diverso contenuto di piretrine, generalmente compreso tra il 2 e il 4%.

REPERIBILITÀ I formulati commerciali sono reperibili presso la maggior parte di rivenditori di mezzi tecnici per l'agricoltura. È bene preferire quelli che appartengono alla classe tossicologica "non classificato" (Nc) e quelli che contengono come sinergizzanti oli vegetali o minerali.
È opportuno porre attenzione ad evitare di confondere il piretro con i piretroidi, questi sono caratterizzati da una lunghissima persistenza (anche oltre 90 giorni) e da una più elevata tossicità verso i vertebrati.

EFFICACIA Numerosissime prove sperimentali ed esperienze di campo confermano l'efficacia del piretro come insetticida.

Polisolfuro di calcio

Il polisolfuro di calcio è un composto inorganico ottenuto facendo reagire il solfuro di calcio con lo zolfo. Contiene zolfo in diverse forme (principalmente pentasolfuro e tiosolfato di calcio) ed espleta la sua azione tossica liberando lo stesso zolfo allo stato gassoso.
Utilizzato in passato anche come insetticida contro le cocciniglie, oggi in seguito alla revisione europea dei prodotti fitosanitari è autorizzato unicamente come fungicida.
Viene prodotto industrialmente e commercializzato in formulazione liquida, ma in passato veniva anche preparato direttamente in azienda utilizzando calce viva, zolfo e acqua nelle seguenti proporzioni: 10-20-100.

IMPIEGO Si utilizza per il controllo della ticchiolatura su melo e pero, della bolla, della Monilia e dell'oidio sulle drupacee. Possiede un'azione collaterale insetticida sulle cocciniglie e sulle uova degli acari, significativa se viene impiegato a dosi elevate.
Si adopera a dosi elevate a fine inverno contro le forme svernanti di ticchiolatura, oidio, bolla del pesco e corineo.
A partire dalle prime fasi vegetative le dosi si riducono notevolmente e il polisolfuro viene impiegato in modo preventivo o tempestivo sui funghi-bersaglio.
Per il controllo della ticchiolatura può essere usato anche per i trattamenti tempestivi, cioè durante le piogge infettanti, perché mantiene una buona efficacia anche quando viene distribuito sulla vegetazione bagnata.
Agisce per contatto, quindi bisogna assicurare una buona bagnatura della vegetazione. Rispetto al rame, il polisofuro di calcio è meno aggressivo verso le piante, e riduce i rischi di fitotossicità e di rugginosità. È comunque caustico: su specie (pesco) e cultivar sensibili può provocare ustioni ai rametti e accecamenti di gemme.

Il rischio di fitotossicità si riduce se si ottiene una polverizzazione a gocce molto fini della miscela distribuita e se si evitano interventi in previsione di abbassamenti termici e gelate oppure quando la temperatura supera i 30° C .

Il polisolfuro di calcio non è miscibile con altri prodotti per la sua elevata alcalinità. Inoltre, è molto corrosivo per le attrezzature impiegate per i trattamenti (parti metalliche e gomme), che devono essere lavate bene dopo l'impiego.

Va utilizzato con precauzione perché è irritante per inalazione e per contatto con gli occhi e la pelle. I trattamenti con polisolfuro devono essere distanziati di almeno 15 giorni da eventuali interventi con oli paraffinici.

MODALITÀ D'AZIONE Agisce con un'attività estintiva, in quanto il polisolfuro riesce a rompere la parete e la membrana semimpermeabile del micelio e delle spore fungine. Questa azione viene poi sostituita dall'attività protettiva dello zolfo (vedi scheda più avanti) che si libera progressivamente. Ecco perché è possibile utilizzarlo anche in modo tempestivo, oltre che preventivo.

Come insetticida agisce per contatto e asfissia uniti all'azione caustica sui tegumenti degli insetti.

DOSAGGIO Nei trattamenti prefiorali si impiegano 5 kg/hl (50 g/l) di polisolfuro sulle drupacee e 2 kg/l (20 g/l) sulle pomacee.

Dopo la fioritura i dosaggi diminuiscono progressivamente: nelle drupacee passano da 3 a 2 kg/hl (da 30 a 20 g/l), nelle pomacee da 1,5 a 1 kg/hl (da 15 a 10 g/l).

TOSSICITÀ È poco tossico per i vertebrati, ma per l'uomo risulta essere irritante per inalazione e per contatto con gli occhi e con la pelle. I polisolfuri si sono rivelati dannosi per gli acari predatori e per alcuni imenotteri parassiti, mentre sono innocui per le api, le coccinelle e le crisope.

Il polisolfuro può essere distribuito anche attraverso impianti irrigui sovrachioma. In questo modo è possibile eseguire trattamenti tempestivi su superfici anche molto ampie. Il dosaggio deve essere riferito alla quantità ad ettaro.

Nella coltivazione professionale del melo, il polisolfuro viene impiegato anche come diradante fiorale intervenendo alla dose di 1,5 kg/hl (15 g/l) a partire dalla piena fioritura e ripetendo eventualmente l'intervento a distanza di 3-4 giorni per 2-3 volte.

REPERIBILITÀ L'unico formulato commerciale autorizzato in Italia è reperibile presso i rivenditori di mezzi tecnici per l'agricoltura oppure on-line.

EFFICACIA Il polisolfuro è un fungicida di comprovata efficacia verificata in numerosi studi condotti in Italia e all'estero.

La sua importanza per la melicoltura biologica è tale che il principio attivo è stato salvato nell'ultima revisione europea sui fitofarmaci ammessi in agricoltura, soprattutto grazie all'azione delle associazioni dei produttori biologici e di alcuni enti di ricerca che operano nel settore.

Rame

Il rame, il cui effetto anticrittogamico fu accertato nel 1882, conserva ancora oggi un ruolo importante per la difesa delle piante, in particolare in agricoltura biologica. I composti a base di rame utilizzati sono l'idrossido, gli ossicloruri, l'ossido, il solfato tribasico e la poltiglia bordolese.

L'**idrossido di rame** ha un contenuto di rame metallo pari al 50%. Si caratterizza per la rapida liberazione degli ioni rameici e la conseguente buona prontezza d'azione.

Gli **ossicloruri di rame** sono due: l'ossicloruro tetraramico e l'ossicloruro di rame e calcio. Il primo contiene dal 16 al 50% di rame metallo e sembra assicurare un'azione più pronta, il secondo contiene dal 24 al 56% di rame metallo e sembra avere un'efficacia e una persistenza maggiore rispetto al tetraramico. Gli ossicloruri sono i composti rameici più efficaci contro le batteriosi.

L'**ossido rameoso** contiene il 75% di rame metallo. È dotato di buona adesività e persistenza sulla vegetazione trattata, ma è più fitotossico rispetto agli altri composti rameici.

Il **solfato tribasico** di rame ha un titolo in rame metallo del 25,5%. È altamente solubile in acqua e presenta una scarsa aderenza sulla vegetazione e un'elevata fitotossicità.

La **poltiglia bordolese** si ottiene neutralizzando il solfato di rame con la calce. È un composto insolubile che rimane in sospensione nell'acqua. L'attività della poltiglia bordolese dipende dai rapporti tra solfato di rame e calce: se il composto è acido, il prodotto svolge un'azione pronta ma poco persistente, mentre se alcalino è più persistente, ma meno efficace.

Il **gluconato di rame**: è un composto al 8% di rame registrato attualmente solo come fertilizzante per agricoltura biologica. Il rame viene veicolato all'interno delle foglie, la sua efficacia è paragonabile ai tradizionali sali.

Il rame distribuito sulla superficie vegetale non subisce alcuna degradazione. I residui sulla pianta si riducono solo grazie all'azione dilavante della pioggia, che veicola gli ioni rameici fino al suolo, dove si legano ad argille e sostanze organiche formando composti insolubili. Si assiste così ad un accumulo di rame nel terreno, soprattutto nei suoli acidi. Questo accumulo ha effetti negativi sulla riproduzione dei lombrichi, deprime l'attività dei microrganismi del terreno e induce una sensibile riduzione del processo di umificazione. Per questi motivi l'impiego del rame in agricoltura biologica è permesso solo nel limite di 6 kg di rame metallo per ettaro e per anno.

IMPIEGO I composti a base di rame sono impiegati nella lotta preventiva contro una vasta gamma di organismi fungini: i vari tipi di peronospora, la ticchiolatura delle pomacee, la maculatura del pero, il corineo, la bolla del pesco, l'occhio del pavone dell'olivo, le ruggini ecc. Si impiega anche contro i batteri fitopatogeni per la sua attività batteriostatica.

I trattamenti si eseguono prima dell'evento infettivo (solitamente prima della pioggia o di una prolungata bagnatura fogliare) e curando bene la distribuzione, perché il rame agisce per contatto e in modo preventivo.
Il numero di interventi e l'intervallo da tenere fra gli stessi dipende da molteplici fattori: il tipo di patogeno, la fase fenologica della pianta trattata, le condizioni climatiche, il formulato e il dosaggio utilizzati. È indispensabile, quindi, valutare di volta in volta il modo di procedere, tenendo conto che 30 mm di pioggia dilavano interamente il prodotto dalla vegetazione.
È meglio evitare le miscele con polisolfuri, con preparati a base di *Bacillus thuringiensis*, a base di virus della granulosi della carpocapsa e con prodotti a reazione acida; in alcune etichette è segnalata anche la non compatibilità con gli oli minerali e con i fertilizzanti fogliari contenenti acidi umici e/o elevati tenori di azoto. Seguire le indicazioni riportate in etichetta consente di evitare errori e problemi.
Il rame è tossico per il polline, quindi non deve essere impiegato durante la fioritura delle frutticole.
Provoca fitotossicità[2] su pesco, susino, actinidia e su alcune varietà di melo e pero. Su queste piante, negli interventi eseguiti in piena vegetazione o in periodi con elevate escursioni termiche, è opportuno usare dosi ridotte di rame. Per ridurre il rischio di fitotossicità i trattamenti devono essere eseguiti nelle ore più fresche della giornata.
Se non si conosce la sensibilità al rame di una pianta (anche ornamentale) è consigliabile non impiegare il prodotto prima di aver compiuto dei piccoli saggi.
Anche a causa di questi rischi, la recente revisione europea delle norme sui fitofarmaci ha limitato l'autorizzazione all'uso del rame sulle drupacee (pesco, susino, ciliegio ecc.) ai soli trattamenti invernali (prima della ripresa vegetativa), mentre molti formulati possono essere impiegati sulle pomacee (melo e pero) solo fino alla fioritura.
Non rispettare queste disposizioni può comportare per gli agricoltori la decadenza dai premi della PAC. È importante quindi una lettura molto attenta dell'etichetta prima di eseguire i trattamenti.

MODALITÀ D'AZIONE L'attività anticrittogamica dei composti rameici è dovuta alla liberazione degli ioni di rame che, interagendo con le spore dei patogeni, determinano una serie di effetti tossici che ne impediscono la germinazione.
Questa attività è multi-sito, cioè colpisce diversi punti vitali del patogeno rendendo difficile l'instaurarsi di fenomeni di resistenza.
L'azione del rame è soprattutto preventiva: il prodotto deve trovarsi già sulla pianta quando si determinano le condizioni per la germinazione delle spore, per poter entrare in contatto con esse.

DOSAGGIO In commercio si trovano oltre 100 formulazioni a base di composti di rame. Inoltre, il rame viene impiegato per il controllo di numerose patologie in diverse fasi fenologiche della pianta. Per stabilire le dosi da utilizzare è indispensabile, quindi, fare riferimento all'etichetta e rispettarne in modo scrupoloso le indicazioni.

2. Il rame agisce anche sulle cellule della pianta. Ripetute irrorazioni con rame possono determinare una riduzione della fotosintesi e possono procurare la rugginosità dell'epicarpo (mele e pere) e necrosi fogliari (drupacee, actinidia).

TOSSICITÀ Il rame è molto tossico per gli organismi acquatici mentre il rischio per gli insetti utili è considerato basso. Risulta essere poco tossico anche per i mammiferi.

Le sperimentazioni condotte per riuscire a ridurre le dosi di rame impiegato hanno mostrato che anche alcuni fertilizzanti a base di gluconato di rame (una sale organico) hanno una buona efficacia anticrittogamica. Anche se il loro meccanismo di azione non è ben chiaro, questi prodotti presentano due vantaggi: consentono di ridurre notevolmente la quantità di rame impiegata per unità di superficie e non hanno tempi di carenza, cioè le colture trattate possono essere raccolte anche il giorno successivo al trattamento.

REPERIBILITÀ I prodotti a base di rame si reperiscono con facilità presso tutti i rivenditori specializzati in agricoltura.

EFFICACIA L'attività anticrittogamica del rame è conclamata da decenni, confermata dalle esperienze degli agricoltori e da numerosissime attività sperimentali.

Spinosad

Lo Spinosad deriva del processo di fermentazione di un microrganismo (*Saccharopolyspora spinosa*): per questo motivo è utilizzabile in agricoltura biologica.

La sua produzione prevede la preparazione di un substrato contenente acqua, zuccheri, estratti lievitanti, bicarbonato di sodio, farine, vitamine, minerali e oli vegetali, inoculato con il microrganismo. Dalla fermentazione di questo brodo di coltura si ottengono numerosi metaboliti; quelli dotati di attività insetticida sono una trentina e sono stati chiamati "spinosine". Spinosyn A e spinosyn D sono le sostanze più attive e sono utilizzate per ottenere la miscela insetticida (da qui il nome del prodotto Spinos A-D).

IMPIEGO Spinosad è un insetticida che colpisce molti insetti: tripidi, lepidotteri come le cydie, l'*Anarsia*, le tignole della vite, i ricamatori, le nottue e le processionarie; ditteri come la mosca del ciliegio, la mosca dell'olivo e la mosca della frutta; coleotteri. Fra gli altri organismi bersaglio si contano anche la psilla del pero e Metcalfa pruinosa.

Alcuni formulati commerciali uniscono sostanze attrattive di tipo alimentare allo Spinosad. In questo modo si riducono le dosi da applicare e si abbreviano i tempi necessari all'irrorazione, perché diventa possibile evitare di trattare tutta la superficie. Questi prodotti sono particolarmente efficaci nella lotta contro la mosca dell'olivo e la mosca del ciliegio.

Spinosad agisce prevalentemente per ingestione, quindi deve essere applicato con cura sulla vegetazione. La sua attività è molto rapida e non è influenzata dalla temperatura e dai raggi ultravioletti. La persistenza d'azione del prodotto è di 8-10 giorni, ma la pioggia può ridurne l'efficacia. Questa

diminuzione dipende dalla quantità e dall'intensità della precipitazione, dal tempo trascorso tra l'applicazione e l'inizio della pioggia, dal tipo di coltura e dalla sensibilità a Spinosad del parassita da controllare.
Anche se Spinosad ha dimostrato di essere miscibile con i più comuni antiparassitari, è preferibile impiegarlo da solo, così come indicato in etichetta.

MODALITÀ D'AZIONE Spinosad agisce per contatto e per ingestione. L'azione per ingestione è quella prevalente, essendo almeno 5-10 volte superiore a quella da contatto.
Interferisce sulla trasmissione degli impulsi nervosi: i neuroni diventano iperattivi e aumenta l'attività motoria fino alla contrazione dei muscoli involontari che provoca tremore e paralisi del parassita bersaglio. Gli insetti cessano di nutrirsi appena iniziano questi sintomi (effetto anti-feeding).

DOSAGGIO I formulati commerciali attualmente in commercio sono 8 e presentano formulazioni molto diverse. Per il dosaggio è necessario quindi riferirsi all'etichetta, tanto più che la dose può cambiare al variare dell'insetto bersaglio.
Su alcuni parassiti è possibile eseguire solo un numero limitato di trattamenti all'anno. Anche in questo caso è indispensabile fare riferimento all'etichetta.

TOSSICITÀ Spinosad ha una bassa tossicità verso i vertebrati. È tossico invece per le api e per altri imenotteri impollinatori. È necessario, pertanto, evitare i trattamenti sui fruttiferi durante la fioritura ed eseguire le irrorazioni nelle ore serali, quando l'attività dei pronubi è minore.
L'impatto di Spinosad sugli insetti utili come coccinelle, crisope ecc. è limitato.
Gli studi hanno dimostrato che i formulati a base di Spinosad sono stabili nel tempo e non richiedono particolari accorgimenti di immagazzinamento e di stoccaggio.

REPERIBILITÀ I formulati commerciali si possono trovare presso i rivenditori di mezzi tecnici specializzati in agricoltura biologica. In alcune zone, dove è diffuso l'impiego dei formulati a base di Spinosad più attrattivo per il controllo delle mosche, si possono trovare anche presso i rivenditori non specializzati.

EFFICACIA L'efficacia dello Spinosad è stata collaudata da numerose attività sperimentali condotte anche in Italia. Gli interventi contro le cydie sono stati sperimentati ad esempio in Emilia Romagna, mentre l'efficacia di Spinosad contro i ditteri è stata verificata in Toscana, Lazio e Emilia Romagna.

Zolfo

Lo zolfo è utilizzato come anticrittogamico fin dalla metà del 1800 in viticoltura, e successivamente in frutticoltura, per combattere il mal bianco (oidio), ma è attivo anche contro altre avversità.
Ancora oggi, per la sua polivalenza di azione, il ridotto impatto ambientale e il basso costo, è un prodotto estremamente importante in agricoltura, non solo in quella biologica. I prodotti a base di zolfo si distinguono sulla base del loro metodo di impiego, se sono cioè adatti a trattamenti in polvere o a trattamenti liquidi, e sulla base delle dimensioni delle particelle, perché ad un maggiore grado di finezza corrisponde una capacità di agire a temperature più basse.

Esistono, inoltre, prodotti in cui lo zolfo è mescolato a composti proteici (proteinato di zolfo).

IMPIEGO Lo zolfo è particolarmente attivo contro i funghi che provocano il mal bianco (oidio) delle piante da frutto, della vite, delle colture orticole, delle piante ornamentali e floreali ecc.

È attivo anche contro la Monilia e la botrite. Esplica, inoltre, un'azione acarofrenante soprattutto verso gli eriofidi, provocandone la disidratazione.

Si utilizza alla comparsa dei primi sintomi della malattia, ma nelle situazioni ad alto rischio può essere opportuno intervenire preventivamente.

Il numero di interventi e il loro dosaggio dipendono dall'andamento climatico e dalla pressione della malattia. Le dosi più alte si impiegano in caso di forte pressione della malattia oppure per trattamenti curativi.

Gli zolfi per trattamenti liquidi, composti da particelle più fini, sono più efficaci dei corrispondenti polverulenti, che vengono utilizzati con dosaggi più elevati.

A temperature superiori a 30-32° C, gli zolfi possono diventare fitotossici, provocando ustioni su foglie e frutti. In estate, quindi, si devono evitare i trattamenti nelle ore più calde della giornata.

Lo zolfo non può essere miscelato con antiparassitari a reazione alcalina (polisolfuri, poltiglia bordolese ecc.) e con antiparassitari microbiologici fungini (*Ampelomyces quisqualis, Beauveria bassiana* ecc.).

Inoltre, i trattamenti con zolfo devono essere distanziati di 21 giorni da quelli con oli minerali, riducibili a 15 in caso di impiego di oli ultrafini in estate.

Tutti i formulati a base di zolfo hanno un tempo di carenza di 5 giorni, cioè bisogna attendere 5 giorni dopo il trattamento per raccogliere le produzioni.

MODALITÀ D'AZIONE Lo zolfo agisce allo stato di vapore. Quando entra in contatto con il micelio e con le spore del parassita, essendo liposolubile, penetra nella cellula fungina, rompe la membrana cellulare e provoca la fuoriuscita dell'acqua, causando la morte del fungo. Interferisce inoltre nella catena respiratoria sostituendosi all'ossigeno e impedendo la formazione di ATP.

L'attività anticrittogamica dello zolfo dipende dalla sua capacità di sublimare[3], aumenta quindi al crescere della temperatura e al diminuire dell'umidità relativa e della finezza delle particelle.

L'azione fungicida inizia quando la temperatura raggiunge almeno 10° C con gli zolfi più fini, i 18-20° C con quelli più grossolani, e aumenta progressivamente sino a 40° C.

DOSAGGIO In commercio, i prodotti a base di zolfo sono numerosissimi. I dosaggi dipendono dalle modalità e dai tempi di applicazione, dalla pressione della malattia, dall'andamento climatico ecc.

È bene quindi fare riferimento alle indicazioni in etichetta.

TOSSICITÀ Lo zolfo è tossico per alcuni insetti utili, come gli imenotteri parassiti del genere *Trichogramma* e moderatamente tossico per i miridi e gli antocoridi. Inoltre, la sua azione acarofrenante rallenta anche l'attività degli acari predatori (*Fitoseidi, Amblyseius* spp.)

È importante che nelle etichette dei formulati commerciali sia indicata l'assenza del selenio, un metallo molto fine ed affine allo zolfo tossico per l'uomo e gli animali.

3. Transizione dallo stato solido allo stato aeriforme senza passare dallo stato liquido.

REPERIBILITÀ I prodotti a base di zolfo si trovano in tutte le rivendite di mezzi tecnici per l'agricoltura.

EFFICACIA L'attività anticrittogamica dello zolfo contro gli oidi è conclamata da decenni, confermata dalle esperienze degli agricoltori e da numerosissime attività sperimentali.
Per il controllo della muffa grigia della vite è necessario che i prodotti contenenti zolfo siano applicati prima della chiusura dei grappoli.
Il controllo della Monilia è efficace soprattutto impiegando proteinato di zolfo, ma quando le condizioni climatiche sono particolarmente favorevoli allo sviluppo del fungo (piogge ripetute, elevata umidità relativa e temperature alte) la protezione è solo parziale.

CAPITOLO 4

Preparati vegetali

CAPITOLO 4

Preparati vegetali

L'impiego di macerati, decotti e infusi a base di erbe è un sistema di protezione delle piante tradizionalmente utilizzato in agricoltura biologica. Macerati, decotti e tisane si impiegano soprattutto per stimolare le difese naturali delle piante e per il loro effetto repellente o fagodeterrente.
L'azione svolta dai fitopreparati dipende dal contenuto in principi attivi della preparazione e questo a sua volta può cambiare in funzione di molte variabili: la varietà della pianta utilizzata, le caratteristiche del terreno su cui è cresciuta, le condizioni climatiche in cui si è sviluppata, il momento in cui è stata raccolta, il modo in cui i principi attivi sono stati estratti (cioè come è avvenuta la preparazione), la durata della estrazione...
In queste condizioni il controllo del tenore dei principi attivi in un macerato di ortica o in un decotto d'aglio è praticamente impossibile tanto più quando ci si trova di fronte a preparazioni casalinghe. Ed è impossibile, per le variabili indicate prima, definire una ricetta che offra assicurazioni al riguardo. Per questi motivi le conoscenze sui loro effetti derivano principalmente dalle esperienze degli utilizzatori.

La ricerca scientifica nel campo dei fitopreparati

Le osservazioni condotte sui trattamenti eseguiti con i fitoterapici ne dimostrano l'efficacia come stimolanti dei meccanismi di autodifesa delle piante. Inoltre alcune preparazioni erboristiche hanno dimostrato di agire come repellenti o fagodeterrenti[1] nei confronti di molti parassiti. La loro attività sembra essere determinata dai minerali e da alcune molecole presenti nelle piante impiegate per la preparazione dei macerati.

Così alcune di queste sostanze sono state poste sotto osservazione da parte della ricerca scientifica per verificarne gli effetti. La oggettiva difficoltà a ottenere risultati ripetibili (e quindi scientificamente probanti) limitano, però, le attività di ricerca e sperimentazione in questo campo e le orientano verso la caratterizzazione dei principi attivi che hanno un ruolo primario nell'azione insetticida, fungicida, battericida o erbicida. I motivi di questa scelta sono da ricercarsi anche nell'interesse commerciale che destano le molecole attive di origine naturale. Infatti solo dalle molecole isolate si possono ottenere prodotti registrabili e commerciabili.

Il neem e il piretro sono rappresentativi in questo senso. Questi prodotti sono commercializzati come fitosanitari e sono di origine vegetale, ma non contengono più il fitocomplesso, essendo stati ottenuti con metodiche di estrazione e di preparazione utili ad assicurare un'elevata concentrazione dei principi attivi, rispettivamente l'Azadiractina e le piretrine naturali.

Fra i fitofarmaci[2] di origine vegetale si contano anche l'olio di menta, utilizzato come antigerminativo per le patate, l'olio di chiodi di garofano, usato come fungicida in post-raccolta su mele e pere, e l'olio di malaleuca per ora autorizzato solo all'estero come fungicida contro oidio e botrite. Alcuni studi hanno dimostrato che i primi due prodotti sono efficaci anche nella concia delle sementi. Le prove condotte hanno verificato la diminuzione del numero di semi infetti, la riduzione, la severità dei sintomi che si manifestano sulle piante e il miglioramento dell'emergenza delle sementi in campo.

Altri saggi di prova hanno accertato buoni risultati sulla conservazione post-raccolta di pomacee e drupacee con trattamenti a base di olio essenziale di timo e di olio essenziale di santoreggia, ma lo sviluppo di prodotti commerciali è ancora in fase iniziale.

1. Le sostanze fagodeterrenti sono quelle che fanno perdere l'appetito o lo stimolo a nutrirsi.

2. I fitofarmaci sono prodotti il cui uso è autorizzato in agricoltura (e in agricoltura biologica).

Preparazione casalinga dei fitoterapici

I fitoterapici si impiegano sempre in forma acquosa eseguendo il trattamento con un atomizzatore o, più raramente, aggiungendo l'estratto all'acqua di irrigazione. L'estratto è ottenuto macerando le erbe in acqua oppure preparando un infuso o un decotto.
La macerazione consiste nel lasciare le erbe immerse nell'acqua a temperatura ambiente per un periodo variabile da alcune ore ad alcune settimane. In questo modo si estraggono tutti i sali minerali e i principi attivi contenuti nella pianta, anche quelli termolabili e molto volatili. Per il contenuto in sali minerali i macerati si avvicinano ai prodotti fertilizzanti, tanto che in agricoltura biodinamica spesso sono utilizzati insieme all'acqua di irrigazione per consentirne l'assorbimento per via radicale. La macerazione, anche se richiede tempi relativamente lunghi, è semplice da ottenere e richiede poco lavoro. Per questi motivi gli agricoltori professionisti la preferiscono rispetto agli altri metodi di preparazione.
Gli infusi si ottengono versando acqua bollente sopra ad un determinata quantità di erbe e lasciando riposare il tutto per il tempo prescritto. Si utilizzano per estrarre rapidamente i principi attivi contenuti in foglie, fiori e steli.
I decotti si preparano aggiungendo le erbe all'acqua fredda, portando il tutto ad ebollizione e lasciando poi sobbollire a fuoco lento per tempi variabili da qualche minuto a qualche ora. Sono particolarmente adatti per estrarre i principi attivi da radici, legno e cortecce.
Infusi e decotti evitano l'emissione di odori sgradevoli determinati dal processo di macerazione. Per questo sono da preferire negli ambienti domestici: il giardino, l'orto, il balcone.
Il principale svantaggio è l'impossibilità di conservarli, infatti vanno impiegati subito dopo la loro preparazione perché sono soggetti a rapide alterazioni.
In tutti i casi è necessario provvedere a filtrare la soluzione acquosa ottenuta per evitare che i residui vegetali possano otturare gli ugelli degli strumenti utilizzati per irrorare il prodotto sulle piante.
Le erbe utilizzate nella protezione delle piante coltivate sono piuttosto numerose. Quelle segnalate in letteratura sono raccolte nella tabella 1.
Altre piante sono state utili come fitopreparati per la cura dei vegetali: la spirea, il sambuco, la salvia, l'edera, la bardana, l'iperico, l'eucalipto, ecc. Scoprire la forza guaritrice contenuta in ognuna di esse è un obiettivo per i coltivatori, in particolare per quelli che lavorano con il metodo biodinamico.

Tab.1 - PROPRIETÀ E UTILIZZO DEI PREPARATI VEGETALI

Pianta	Parti utilizzate e dosi (g/l d'acqua*)	Utilizzo	Note
Achillea millefoglie	Sommità fiorite *30 g di fresco* *(3 g di secco)*	Prevenzione dell'oidio nella vite e sui fruttiferi, agisce contro septoria del pomodoro, ha azione rinfrescante	Consente di diminuire le dosi di zolfo nei trattamenti contro l'oidio
Aglio	Bulbi *30 g di fresco*	Repellente contro gli insetti, antibatterico con leggera azione anticrittogamica	Conserva maggiori proprietà quando non viene portato a temperature elevate
Assenzio	Pianta intera *100 g di fresco* *(10 g di secco)*	Repellente contro afidi, formiche, acari	
Cipolla	Bulbi *20 g di fresco*	Rinforzante contro le malattie crittogamiche, repellente per insetti in particolare mosca della carota	
Camomilla	Fiori *5 g di secco*	Rinforza le piante e disinfetta i semi	
Consolida maggiore	Foglie e fusti *100 g di fresco* *(15 g di secco)*	Fertilizzante e rinforzante, antistress dopo le grandinate o a sofferenze causate da grandi sbalzi termici	Ha un alto contenuto in sali di azoto, ferro, potassio, silice, zinco, manganese e boro. Può essere aggiunto al compost
Equiseto	Foglie e fusti *200 g di fresco* *(40 g di secco)*	Anticrittogamico di media attività, si usa in via preventiva come rinforzante contro peronospore, ruggini, Monilia e altre crittogame	Va applicato preferibilmente al mattino e in prossimità della Luna piena. Attenzione a non confonderlo con *Equisetum pratense*
Felce	Foglie *100 g di fresco* *(10 g di secco)*	Contro limacce, afide lanigero, cocciniglie e afidi. Come repellente contro le talpe	
Quassio	Legno *20-30 g di legno*	Insetticida contro afidi e tentredini, innocuo per le api	È una pianta tropicale. È necessario acquistarlo
Ortica	Pianta intera *200 g di fresco* *(20 g di secco)*	Fertilizzante, regolazione e stimolo della crescita vegetale	Consente di ridurre le dosi di rame e zolfo in viticoltura. Con una macerazione breve si può usare contro gli afidi
Rabarbaro	Foglie *250 g di fresco*	Repellente per afidi, cocciniglie e limacce	
Rafano	Foglie e radici *30 g di fresco*	Prevenzione della *Monilia* durante la fioritura dei fruttiferi	
Salice	Corteccia e rametti *10 g di corteccia +* *20 g di rametti secchi +* *100 g di rametti freschi*	Prevenzione della peronospora della vite	Può essere aggiunto ai normali trattamenti fitosanitari
Tanaceto	Fiori, foglie e fusti *400 g di fresco* *(40 g di secco)*	Repellente contro formiche e carpocapsa	
Tarassaco	Pianta intera comprese radici *150-200 g di fresco* *(15-20 g di secco)*	Aumenta la resistenza contro le malattie fungine	È un complemento alle normali strategie di difesa con antiparassitari

* alcuni preparati vanno diluiti prima dell'impiego

I più comuni fitoterapici impiegati per la difesa delle piante

Hobbysti e agricoltori professionisti impiegano più frequentemente alcune preparazioni. I motivi di questa scelta non sono necessariamente legati solo alla constatazione di una maggiore efficacia dei trattamenti eseguiti, ma derivano anche dalla facilità di preparazione, dalla semplicità nel rintracciare gli ingredienti, dalla conoscenza diffusa del metodo di preparazione più idoneo, ecc.

Così ognuno può continuare, per proprio conto, ad utilizzare le erbe segnalate in precedenza (e, perché no? anche altre) per stimolare le capacità di difesa delle piante o per proteggerle dai parassiti.

La breve rassegna delle principali preparazioni che segue offre la comodità di consultazione per eseguire al meglio la preparazione, ma non vuole e non può essere esaustiva di tutti i fitopreparati semplici o complessi che possono essere impiegati per la protezione delle piante.

Aglio e cipolla

PREPARATO Decotto

QUALI E QUANTE ERBE Si utilizzano i bulbi di aglio e di cipolla. Di solito si utilizzano gli scarti ottenuti in fase di raccolta o di conservazione.

PREPARAZIONE Si uniscono ad un litro di acqua 30 g di aglio e 20 g di cipolla, lasciandoli sobbollire per 15 minuti.
Gli effetti migliori sono stati ottenuti con gli ingredienti utilizzati in queste proporzioni, ma il decotto mantiene una buona efficacia anche variando le proporzioni. Il preparato non deve essere diluito.

IMPIEGO E INDICAZIONI Ha effetti repellenti ed insetticidi verso molti insetti soprattutto afidi e cimici. Si adopera direttamente sulle piante dopo che si è raffreddato. Se viene utilizzato in modo preventivo si impiega una volta ogni 15 giorni, se lo si usa come curativo è bene ripetere gli interventi ogni 3-4 giorni.

NOTE L'elevato contenuto in composti dello zolfo tipico delle Liliacee lascia intravedere la possibilità che questo decotto possa giocare un ruolo anche nel controllo dell'oidio e di altre malattie fungine.

Assenzio

PREPARATO Decotto

SPECIE UTILIZZATE Si utilizza la pianta intera di *Artemisia absinthium*, la pianta medicinale utilizzata come base per la preparazione dell'omonimo liquore e del vermouth.

DOVE CRESCE Allo stato spontaneo l'assenzio è comune sui muri e nelle vicinanze dei centri abitati delle regioni montane e submontane; ma si trova anche presso incolti aridi e siepi. Può essere coltivato in tutta Italia.

PREPARAZIONE Per ottenere 1 l di prodotto da spruzzare sulle foglie delle piante si parte da 10 g di artemisia fresca o 1 g di artemisia essiccata da preparare in 100 ml di acqua. La tisana va poi filtrata e si aggiunge acqua fino a raggiungere il litro.

IMPIEGO E INDICAZIONI È repellente verso numerosi insetti e può essere usata regolarmente una volta alla settimana sospendendo gli interventi quindici giorni prima della raccolta.

Equiseto

PREPARATO Decotto e macerato

SPECIE UTILIZZATE Si utilizza la pianta intera di *Equisetum arvense* detto anche coda cavallina.

DOVE CRESCE Si raccolgono le piante che crescono spontaneamente su terreni incolti umidi o lungo i fossi e le scarpate oppure in ambienti ruderali.

PREPARAZIONE DEL DECOTTO Per ottenere 1 l di prodotto da spruzzare sulle foglie delle piante si parte da 20 g di equiseto fresco o 4 g di equiseto essiccato da preparare in 100 ml di acqua da sobbollire per 40-60 minuti. Il decotto va poi filtrato e si aggiunge acqua fino a raggiungere il litro.

IMPIEGO E INDICAZIONI DEL DECOTTO Rinforza la pianta contro le malattie fungine e può essere usato regolarmente una volta ogni quindici giorni.

PREPARAZIONE DEL MACERATO Per ogni 10 l di acqua serve 1 kg di piante fresche o 100 g di piante essiccate. Le piante vanno immerse in un recipiente pieno di acqua avendo cura di mescolare 1-2 volte al giorno. Prima di immergerle conviene porle in un sacco di juta o di stoffa che servirà da filtro preventivo. Il macerato di equiseto emana un odore intenso e sgradevole. L'aggiunta di 10-20 g di litotamnio (farina di alghe calcaree) o di bentonite al macerato contribuisce a ridurre il forte odore.

IMPIEGO E INDICAZIONI DEL MACERATO Il macerato è pronto dopo una settimana. Si utilizza filtrato e diluito 1:10 (1 l di macerato per 10 di acqua) irrorandolo sulle piante come rinforzante e fertilizzante fogliare, oppure mescolandolo all'acqua di irrigazione come fertilizzante radicale.

NOTE È possibile preparare un macerato misto di equiseto ed ortica, equiseto e salice, equiseto e rafano, equiseto e tarassaco.

Felce

PREPARATO Macerato.

SPECIE UTILIZZATE Si utilizzano le foglie di due tipi di felce: felce maschio (*Dryopteris filix-max*) e felce aquilino (*Pterilium aquilium*). Si consiglia di utilizzare le foglie raccolte in agosto.

PREPARAZIONE DEL MACERATO Per ottenere 1 l di prodotto da spruzzare sulle foglie delle piante si parte da 100 g di foglie verdi o 10 g di foglie essiccate da mettere in macerazione in 1 l di acqua. Il macerato si impiega tal quale nei trattamenti invernali e diluito 1:10 in quelli in presenza della vegetazione.

IMPIEGO E INDICAZIONI Si usa contro le cocciniglie e l'afide lanigero del melo (*Eriosoma lanigerum*) in inverno. In primavera è efficace contro gli afidi in generale.

Quassio

PREPARATO Decotto

SPECIE UTILIZZATE Si usano la corteccia e il legno di una pianta di origine tropicale: la quassia (*Picrasma excelsa*).

DOVE SI TROVA Il prodotto si può trovare nelle erboristerie (dove viene venduto per la sua attività digestiva) e presso alcuni rivenditori specializzati di prodotti per l'agricoltura.

PREPARAZIONE DEL DECOTTO Si macerano 20-30 g di legno di quassio in un litro di acqua per alcuni giorni. La durata della macerazione dipende dalla forma sotto la quale si presenta la corteccia: è più breve se si tratta di polvere micronizzata, è più lunga se si tratta di scaglie.

Terminata la macerazione si porta ad ebollizione il preparato ottenuto e si lascia sobbollire per 40-60 minuti. Si filtra il tutto e si diluisce con acqua fino a raggiungere i 10 l.

IMPIEGO E INDICAZIONI Il legno quassio veniva usato come insetticida prima dell'avvento dei prodotti di sintesi.

Quando la soluzione entra in contatto o viene ingerita dagli insetti, i principi amari (quassine) agiscono sul sistema nervoso di questi animali provocandone prima il rallentamento dell'attività e poi la paralisi, in modo simile a quanto accade per il piretro, ma con un'azione più blanda tanto da risultare innocua per gli insetti superiori, come le api e molti predatori di afidi. Oltre all'attività insetticida il quassio svolge anche un'azione fagodeterrente.

NOTE Bisogna evitare l'utilizzo in prossimità della raccolta perché i principi amari contenuti peggiorano la qualità dei prodotti.

Ortica

PREPARATO Tisana e macerato

SPECIE UTILIZZATE Possono essere utilizzate le piante intere senza radici di *Urtica dioica* e di *Urtica urens* raccolte preferibilmente all'inizio della fioritura.

DOVE SI TROVA Le ortiche crescono in luoghi incolti freschi, ma possono essere anche coltivate.

PREPARAZIONE DELLA TISANA Per ottenere 1 l di tisana di ortica da spruzzare sulle foglie delle piante si parte da 20 g di foglie fresche o 2 g di ortiche essiccate da preparare in 100 ml di acqua. La tisana va poi filtrata e vi si aggiunge acqua fino a raggiungere il litro.

IMPIEGO E INDICAZIONI La tisana di ortica regola e stimola la crescita delle piante rinforzandole particolarmente contro la peronospora. Può essere impiegata regolarmente spruzzandola sulle foglie fino a 2 volte alla settimana.

NOTE Aggiungendo alla preparazione 10 g di equiseto fresco o 1 g di equiseto essiccato si potenziano gli effetti di prevenzione delle malattie fungine.

PREPARAZIONE DEL MACERATO Per 10 l di acqua serve 1 kg di pianta fresca o 100 g di ortiche essiccate. Le ortiche vanno immerse in un recipiente pieno di acqua avendo cura di mescolare 1-2 volte al giorno. Prima di immergerle conviene porle in un sacco di juta o di stoffa che servirà da filtro preventivo. Il macerato di ortica emana un odore intenso e sgradevole. L'aggiunta di 10-20 g di litotamnio (farina di alghe calcaree) o di bentonite al macerato contribuisce a ridurre gli odori.

IMPIEGO E INDICAZIONI Dopo 12 ore è pronto il macerato di ortica da usare come insetticida (in questo caso è più efficace l'*Urtica urens*). Va distribuito tal quale, previa filtrazione in modo da non otturare la pompa irroratrice e serve a combattere gli afidi (pidocchi). Una macerazione più lunga fa perdere al prodotto la funzione insetticida.
Dopo una settimana è pronto il macerato da usare come fertilizzante. Prima di usarlo deve essere filtrato e diluito impiegando 1 l di macerato per 10 l di acqua, per non causare "ustioni" alle piante. Si può irrorare direttamente sulla pianta per avere un effetto più rapido oppure distribuirlo con l'annaffiatoio sul terreno.

NOTE È possibile preparare un macerato misto di equiseto ed ortica.

Tanaceto

PREPARATO Tisana

SPECIE UTILIZZATE Si utilizzano fiori, foglie e fusti di tanaceto (*Tanacetum vulgare*).

DOVE SI TROVA Il tanaceto si può anche trovare allo stato spontaneo, ma più spesso viene coltivato allo scopo.

PREPARAZIONE Per ottenere 1 l di prodotto da spruzzare sulle foglie delle piante si parte da 40 g di materiale fresco o 4 g di tanaceto essiccato da preparare in 100 ml di acqua. La tisana va poi filtrata e si aggiunge acqua fino a raggiungere il litro.

IMPIEGO E INDICAZIONI È repellente verso gli insetti soprattutto alcuni lepidotteri (piralide e nottue). Si può utilizzare regolarmente una volta a settimana sospendendo gli interventi quindici giorni prima della raccolta.

Macerato polivalente

SPECIE UTILIZZATE Per 10 l di acqua servono le foglie di due piante di ortica, 30 spicchi di aglio, 3 manciate di rosmarino (foglie e fusti), 3 manciate di lavanda (fiori, foglie e fusti). Preparazione: come per il macerato di ortica.

IMPIEGO E INDICAZIONI Il macerato è pronto dopo una settimana. Filtrato e diluito 1:10 (1 l di macerato per 10 di acqua) può essere irrorato sulla pianta o distribuito con l'annaffiatoio.
Svolge un'azione repellente nei confronti degli insetti (terricoli se dato al piede delle piante) e ha un'azione corroborante e fertilizzante.

CONTROINDICAZIONI Non va usato sulle aromatiche e in prossimità della raccolta.

Riepilogo degli usi più frequenti

NEL GIARDINO O SUL BALCONE
Decotto di assenzio in via preventiva come repellente contro afidi e altri insetti
Decotto di aglio e cipolla in via preventiva come repellente contro afidi e altri insetti
Decotto di equiseto come rinforzante contro le malattie fungine (soprattutto in giardino)
Tisana di ortica come rinforzante applicato per via fogliare

SULLE PIANTE DA FRUTTO *Tisana di ortica o macerato di ortica* come rinforzante applicato per via fogliare
Decotto di quassio contro le tentredini del pero e del susino
Decotto o macerato di equiseto come rinforzante contro le malattie fungine
Macerato di felce contro afidi e cocciniglie

CAPITOLO 5

Rimedi naturali

Rimedi naturali

Per la cura delle piante in agricoltura biologica, oltre ai prodotti fitosanitari, si impiegano anche altre sostanze che il legislatore ha definito corroboranti, poiché potenziano le difese naturali dei vegetali. Per la loro commercializzazione non è richiesta alcuna autorizzazione, purché non siano vendute con nomi di fantasia o in miscela fra di loro e il loro uso non provochi effetti nocivi sulla salute umana e sull'ambiente. Qui di seguito sono elencati i corroboranti più comuni da utilizzare nell'orto e nel frutteto.
In questo capitolo sono descritti anche i preparati biodinamici suggeriti da Rudolf Steiner nelle sue famose 8 lezioni per agricoltori del 1924. Il loro impiego ha lo scopo di portare le forze vitali in modo unico e naturale al terreno e alle piante, rendendo le coltivazioni più sensibili alle forze cosmiche e più resistenti agli attacchi parassitari. Considerate la specificità e la complessità della preparazione e dell'impiego dei rimedi biodinamici è consigliabile partecipare ad un corso di biodinamica o alle attività dei gruppi locali di agricoltori biodinamici. In alternativa i preparati si possono acquistare presso gli allestitori specializzati.

Aceto

L'aceto si ottiene dalla fermentazione di liquidi alcolici per azione di batteri del genere Acetobacter che, in presenza di aria e acqua, ossidano l'etanolo trasformandolo in acido acetico. L'aceto usato in cucina ha un volume di acido acetico compreso fra il 3 e il 5%.

IMPIEGO E MODALITÀ D'AZIONE L'aceto si utilizza:

1. per acidificare l'acqua utilizzata per i trattamenti.

Alcuni prodotti, come il *Bacillus thuringiensis*, perdono di efficacia con l'impiego di acque con pH neutro o alcalino e, in generale, il pH ideale dell'acqua per i trattamenti deve essere compreso fra 5,5 e 6. Fa eccezione a questa regola solo la poltiglia bordolese. L'acidità dell'acqua si controlla con le cartine tornasole reperibili via internet o nei negozi di acquari.

2. come diserbante.

L'aceto, quando giunge a contatto con le piante, svolge un'azione caustica che altera i tessuti fino a bruciarli. I migliori risultati si ottengono impiegando l'aceto come disseccante e distribuendolo con una pompa a spalla o con una barra per il diserbo quando l'erba ha un'altezza compresa tra i 2 e i 5 cm, curando bene la bagnatura fogliare e ripetendo gli interventi quando l'erba ricomincia a spuntare.

DOSAGGIO Nell'impiego come acidificante, il dosaggio dipende dalla acidità del prodotto (cioè dal suo contenuto in acido acetico) e dal pH dell'acqua. Si determina di volta in volta

controllando con una cartina tornasole il valore del pH raggiunto dalla soluzione.
Come diserbante i ricercatori hanno usato aceto al 10% di acido acetico alla dose di 250 ml/mq. Se si utilizza un aceto con minore acidità si deve aumentare la dose in modo da assicurare l'impiego di una uguale quantità di acido acetico.

NOTE L'impiego dell'aceto come diserbante trova un grande limite nel costo dei trattamenti che sono 10 volte superiori rispetto all'impiego dei diserbanti chimici.
Il suo impiego è indicato in frutticoltura, nei vivai di piante arboree e arbustive e in ambito civile, perché la sua azione caustica si manifesta anche verso le parti verdi delle piante coltivate.

IMPIEGO PROFESSIONALE L'impiego dell'aceto in agricoltura biologica è ammesso come corroborante con funzione acidificante, mentre è dubbia la possibilità di utilizzarlo come diserbante.

EFFICACIA L'efficacia dell'aceto come disseccante è stata dimostrata, fra gli altri, dall'Università dell'Ohio, dall'Agricultural Research Service (Usa), dal Centro per la sperimentazione agraria e forestale di Laimburg (Bz) e dall'Università di Pisa.

Argille acide

Si tratta di minerali naturali in forma di polveri estremamente fini (diametro delle particelle inferiore a 2 µm) costituiti prevalentemente da alluminio e silicio. Sono conosciute con il nome dei principali prodotti commerciali (Myco San, Myco Sin, Ulmasud, Rocksil), e contengono solfato di allumina, silicati e talvolta componenti di lieviti ed estratti di piante come l'equiseto o la salvia.

IMPIEGO E MODALITÀ D'AZIONE Sono utilizzate da tempo da viticoltori e frutticoltori biologici del Nord Europa in sostituzione del rame. Possono essere miscelate allo zolfo, ma non ai composti rameici.
Il loro effetto è da attribuire principalmente al contenuto in alluminio: in ambiente acido queste argille liberano ioni di alluminio che svolgono un'azione diretta sui patogeni fungini.
Le argille acide hanno una efficacia minore (e un costo maggiore) rispetto ai composti rameici. Trovano impiego quindi nelle strategie di difesa mirate alla riduzione delle dosi di rame, sostituendolo nei periodi di minor rischio fitosanitario.
Le argille acide si sono dimostrate particolarmente efficaci nel controllo di alcune batteriosi, tra le quali il colpo di fuoco batterico, e del *Gloeosporium*, un fungo responsabile dello sviluppo di marciumi sulle mele durante la loro conservazione.

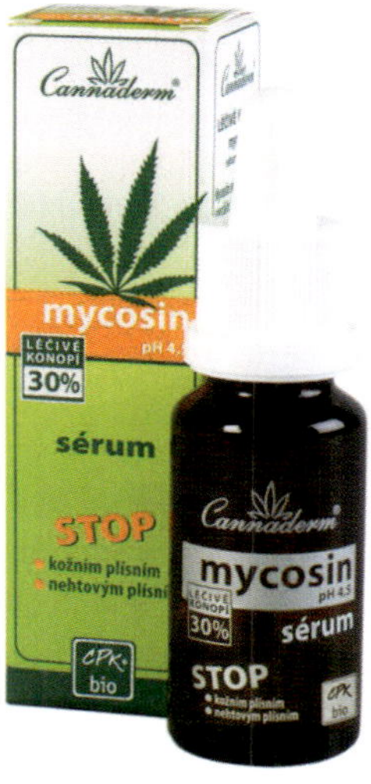

DOSAGGIO Il dosaggio varia in base al formulato commerciale. È quindi opportuno fare riferimento alle dosi riportate in etichetta.

NOTE Sono stati segnalati talvolta problemi di fitotossicità sulle foglie, soprattutto nel caso di alternanza di impiego argilla acida-rame. Un altro problema è legato al rapido dilavamento dei prodotti.
Bisogna anche segnalare che trattamenti ripetuti con le argille acide determinano un forte innalzamento del contenuto in alluminio nei frutti, fatto che desta qualche preoccupazione sotto l'aspetto sanitario.

IMPIEGO PROFESSIONALE L'uso è consentito solo come corroborante (polvere di roccia).

REPERIBILITÀ Si possono acquistare via internet o presso rivenditori specializzati in prodotti per l'agricoltura biologica.

EFFICACIA Gli effetti delle argille acide sono stati studiati dai centri di ricerca e dalle Università del Nord Europa. In Italia, gli studi sono stati condotti principalmente dal Centro per la sperimentazione agraria e forestale di Laimburg (Bz).

Bentonite

Bentonite è il nome commerciale di una serie di argille di origine vulcanica ricche di micronutrienti e caratterizzate dalla capacità di assorbire acqua. Il componente principale della bentonite è la montmorillonite, ma la sua composizione può essere molto variabile.

IMPIEGO E MODALITÀ D'AZIONE Viene usata da sola o, più spesso, in miscela con zolfo per la lotta contro la muffa grigia (*Botrytis cinerea*) sulla vite. I trattamenti vanno eseguiti prima della chiusura del grappolo preferibilmente con un trattamento polverulento.
Facilita la bagnatura delle foglie quando viene aggiunta ai fitofarmaci di origine minerale.
Si usa anche per la realizzazione di alcuni preparati biodinamici: la pasta per tronchi e la miscela NAB.

DOSAGGIO Il dosaggio dipende dall'uso e varia da 300 a 700 g/hl (3-7 g/l). Per i trattamenti polverulenti si usano 20/40 kg/ha di bentonite.

NOTE Talvolta la bentonite viene miscelata insieme al litotamnio, un'alga ricca di calcio e magnesio che si trova in estesi banchi lungo le coste della Bretagna e della Normandia.

IMPIEGO PROFESSIONALE L'impiego in agricoltura biologica è autorizzato come corroborante (polvere di roccia).

REPERIBILITÀ Si può acquistare via internet o presso rivenditori specializzati in prodotti per l'agricoltura biologica, ma anche nei negozi di enologia, essendo adoperata anche nella chiarificazione del vino.

EFFICACIA L'impiego della bentonite come coadiuvante del rame è confermato da molti studi sulla difesa dalla peronospora condotti in molte regioni italiane. L'azione antibotritica in combinazione con lo zolfo è stata testata in uno studio dell'Ersa del Friuli Venezia Giulia. Il suo effetto è stato giudicato buono, ma inferiore a quello dei prodotti chimici di riferimento.

Bicarbonato di sodio

Il bicarbonato di sodio è un derivato dell'acido carbonico. A temperatura ambiente si presenta come una polvere cristallina bianca solubile in acqua. Ricavato per secoli in forma impura da ceneri di alcuni tipi di alghe e piante, oggi si prepara partendo da carbonato di sodio, acqua e anidride carbonica. È autorizzato come additivo alimentare.

In Europa, identificato dalla sigla E 500.

IMPIEGO E MODALITÀ D'AZIONE Il bicarbonato di sodio è efficace nel controllo dell'oidio (mal bianco), ma la sua azione è variabile in funzione delle annate.

Ha dimostrato di essere attivo anche contro la ticchiolatura del melo.

I meccanismi di azione non sono del tutto chiari, ma sembra che il bicarbonato innalzi il pH della superficie fogliare inattivando gli enzimi necessari per lo sviluppo fungino. I trattamenti devono essere effettuati in modo preventivo o alla comparsa dei primi sintomi della malattia.

Il suo uso è sconsigliato quando la temperatura supera i 35° C, perché può essere fitotossico.

Nei trattamenti per il controllo della ticchiolatura può causare bruciature ai margini fogliari provocate dalla ripetizione degli interventi a brevi intervalli, quando la stagione ha un decorso piovoso.

DOSAGGIO Si impiega a dosi variabili da 500 a 1.500 g/hl (5-15 g/l).

NOTE Anche il bicarbonato di potassio ha una buona attività fungicida contro il mal bianco e contro la muffa grigia (*Botrytis cinerea*), tuttavia è considerato un fitofarmaco ed è soggetto alla normativa che regola l'impiego di questi prodotti. Attualmente in Italia è registrato un solo prodotto fitosanitario a base di bicarbonato di potassio. Il tempo di carenza pari a un solo giorno ne permette l'impiego fino in prossimità della raccolta.

IMPIEGO PROFESSIONALE L'uso di bicarbonato di sodio è consentito dalla normativa italiana sul biologico solo come corroborante.

REPERIBILITÀ Si trova facilmente nelle drogherie. È venduto anche da rivenditori specializzati in prodotti per l'agricoltura biologica.

EFFICACIA In Italia, i principali studi sugli effetti anticrittogamici del bicarbonato di sodio sono stati condotti dal Di.Va.P.R.A. dell'Università di Torino, da Arsia Toscana, dal Centro per la sperimentazione agraria e forestale di Laimburg (Bz) e dalla Fondazione Edmund Mach di S. Michele all'Adige (Tn). In Germania è impiegato da oltre 10 anni nella lotta all'oidio in viticoltura biologica.

Caolino

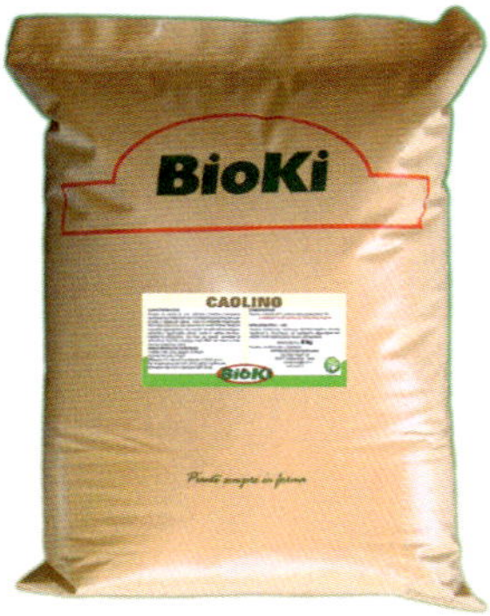

Il caolino è un minerale diffusissimo costituito da silicio e alluminio. Si utilizza in forma di polvere bianca non porosa e non espandibile, che si disperde facilmente in acqua. È chimicamente inerte in un ampio spettro di pH.

IMPIEGO E MODALITÀ D'AZIONE Viene utilizzato per indurre repellenza verso gli insetti. Infatti, il prodotto distribuito sulle piante in soluzione acquosa forma, seccando, uno strato uniforme bianco che impedisce agli insetti di riconoscere il vegetale. Inoltre, quando il caolino entra in contatto con gli insetti ne riduce il movimento e la capacità di nutrirsi.
Viene impiegato nella lotta alla mosca dell'olivo ed è stato provato con un certo successo contro la psilla del pero, la psilla del melo, la mosca della frutta e altri insetti.
I risultati purtroppo non sono sempre univoci e sembrano essere condizionati dall'andamento climatico: nelle stagioni piovose l'alta dilavabilità del prodotto ne diminuisce l'efficacia.
I trattamenti si eseguono in modo preventivo in modo che il caolino possa esercitare la sua azione di disturbo dell'attività dei parassiti. È preferibile evitare di usarlo in miscela con altri prodotti.

DOSAGGIO Si usa a dosi variabili da 2 a 5 kg/hl (20-50 g/l).

NOTE La copertura bianca determinata dall'uso del caolino non riduce la fotosintesi e determina un incremento della riflessione della radiazione solare che riduce la temperatura delle chiome e le conseguenti scottature sui frutti.
Sembra anche indurre una maggiore resistenza agli stress idrici perché ha un effetto positivo sul contenuto in acqua delle foglie.
Alcuni studi hanno verificato un miglioramento della qualità dell'olio ottenuto da olive trattate con caolino.

IMPIEGO PROFESSIONALE L'uso in agricoltura biologica è consentito solo come corroborante (polvere di roccia).

REPERIBILITÀ Si può acquistare via internet o presso rivenditori specializzati in prodotti per l'agricoltura biologica.

EFFICACIA I primi studi sull'impiego del caolino nella difesa dagli insetti sono stati condotti negli Usa e risalgono al 1999-2000. In Italia le attività sperimentali sugli effetti del caolino sono state condotte, tra gli altri, dal Centro di riferimento per l'agricoltura biologica (Crab) di Bibiana (To), dall'Arsia Toscana, dal Centro Enea di Rotondella (Mt).

Lecitina

La lecitina è un fosfolipide che si trova nelle cellule vegetali e animali. Si utilizza nell'industria alimentare come emulsionante, antiossidante e stabilizzante (è autorizzata come additivo con la sigla E 322).
Viene estratta prevalentemente dai semi di soia e in quantità minore da altre fonti, come semi di colza e girasole e dal tuorlo d'uovo.

IMPIEGO E MODALITÀ D'AZIONE La lecitina ha un'azione fungicida. Agisce per contatto e la sua attività sembra collegata all'inibizione della germinazione delle spore.
È impiegata come antioidico sulla vite, sulle cucurbitacee, sul melo, sui piccoli frutti e sulle ornamentali.
Si utilizza anche come emulsionante nelle miscele olio-acqua di insetticidi e anticrittogamici, perché ne ottimizza l'efficacia permettendo di utilizzare dosi inferiori dei fitofarmaci.

DOSAGGIO Quando viene utilizzata come fungicida la dose consigliata è 250 g/hl (2,5 g/l). Per le emulsioni invece serve il 4-5% di lecitina.

NOTE La lecitina è ottenuta prevalentemente dalla soia, quindi il rischio che contenga OGM è elevato. Per questo motivo il suo impiego in agricoltura biologica è visto in modo problematico.

IMPIEGO PROFESSIONALE Può essere impiegata in agricoltura biologica come corroborante, ma è necessario accertarsi dell'assenza di contaminazioni da OGM.

REPERIBILITÀ Si trova facilmente in drogheria e in erboristeria.

EFFICACIA L'Istituto di ricerche in agricoltura biologica (Fibl) della Svizzera giudica alta l'efficacia antioidica della lecitina. In Germania e in altri Paesi del Nord Europa sono disponibili prodotti fungicidi a base di lecitina e il loro impiego è abbastanza diffuso.

NAB

È una miscela in parti uguali di zolfo, litotamnio e bentonite, generalmente autoprodotto dagli agricoltori biodinamici.

IMPIEGO E MODALITÀ D'AZIONE Permette di ridurre i dosaggi di zolfo in frutticoltura e viticoltura, diminuendo i fenomeni fitotossici che si verificano quando si utilizza lo zolfo in presenza di temperature elevate.

DOSAGGIO Si utilizzano 20-40 kg/ha di NAB per i trattamenti polverulenti, mentre per i trattamenti con acqua si impiega alla dose di 500-700 g/hl (5-7 g/l).

IMPIEGO PROFESSIONALE La miscela si ottiene unendo tre prodotti autorizzati in agricoltura biologica: zolfo (fitofarmaco), litotamnio (fertilizzante) e bentonite (corroborante).

REPERIBILITÀ I componenti del NAB si possono acquistare on-line o presso rivenditori specializzati in prodotti per l'agricoltura biologica.

EFFICACIA Le notizie sulla efficacia del NAB derivano principalmente dalle esperienze dei coltivatori biodinamici.

Oli vegetali alimentari

Gli oli vegetali si estraggono per pressione dai semi oleosi o da altre parti delle piante, sono costituiti da esteri della glicerina. Si usano nell'alimentazione umana.
Gli oli essenziali sono invece ottenuti per estrazione da piante aromatiche e presentano una composizione complessa, essendo costituiti da una miscela di idrocarburi e altre sostanze, come terpeni, sesquiterpeni, alcoli, fenoli, aldeidi, chetoni ecc. Per le loro caratteristiche sono equiparati ai fitofarmaci, quindi per la loro trattazione si rimanda a un altro capitolo di questo manuale.

IMPIEGO E MODALITÀ D'AZIONE Gli oli vegetali grassi hanno un'attività insetticida e fungicida.
L'azione insetticida sembra essere analoga a quella degli oli minerali, agiscono quindi per asfissia coprendo il corpo degli insetti o degli acari con una sottile pellicola e penetrando per capillarità nei loro canali tracheali, che rimangono occlusi impedendo così la respirazione. Sono attivi soprattutto contro acari, cocciniglie, psille e altri artropodi di piccole dimensioni.
Non è completamente chiaro in quale modo gli oli agiscono contro i funghi: si ipotizzano l'inibizione della germinazione delle spore fungine e la creazione di una barriera fisica alla penetrazione dei patogeni. Le proprietà anticrittogamiche sono state verificate soprattutto contro diversi tipi di oidio.
Gli oli vegetali si impiegano anche come coadiuvanti in alcuni trattamenti: l'olio di soia con i sali rameici e l'olio di pino (pinolene) per proteggere dai raggi UV i prodotti fotosensibili (ad esempio *Bacillus thuringiensis* e Carpovirusine).

DOSAGGIO Come insetticidi si impiegano alla dose di 1-3 kg/hl (10-30 g/l) nei trattamenti invernali soprattutto contro le cocciniglie. Possono anche essere spennellati direttamente sui tronchi.
Come fungicidi o coadiuvanti si impiegano alla dose di 200-300 ml/hl (2-3 ml/l), dieci volte inferiori per il pinolene.

NOTE L'olio di lino cotto si impiega in miscela con l'ossicloruro di rame (dosi 1 l di olio e 250 g di ossicloruro) come rimedio cicatrizzante da impiegare sulle ferite delle piante. Questa miscela è usata frequentemente nella coltivazione del castagno.

IMPIEGO PROFESSIONALE In agricoltura biologica come corroboranti.

REPERIBILITÀ Si possono acquistare anche nei supermercati.

EFFICACIA Le notizie sull'efficacia degli oli vegetali derivano principalmente dalle esperienze di alcuni coltivatori.

Tab. 2 - Ricette per la preparazione della pasta per tronchi

Effetti attesi	Ricetta	Preparazione
Per rinvigorire piante vecchie	1/3 di letame bovino fresco + 1/3 di bentonite + 1/3 di litotamnio	Si mescola il tutto con il preparato 500 e si aggiunge il 5% di leonardite
Per migliorare qualità e quantità della produzione	1/3 di letame bovino fresco + 1/3 di bentonite + 1/3 di basalto o lapillo vulcanico	Si mescola il tutto con il preparato 500 dinamizzato
Antigelo	1/2 di letame di cavallo + 1/2 di bentonite	Si mescola il tutto con il preparato 507 a base di valeriana (10-15 gocce in 10 litri di acqua)
Disinfettante	1/3 di letame bovino fresco + 1/3 di bentonite + 1/3 di cenere di legna	Non utilizzare cenere di alberi da frutta, soprattutto se sono ceneri della propria azienda. Si mescola il tutto con decotto di equiseto e si aggiunge qualche goccia di propoli
Preventivo per la ticchiolatura del melo	Per 100 l di poltiglia, utilizzare 5 kg di caolino, 3 kg di solfato di potassio (potassio al 50%), 0,7 kg di zolfo bagnabile e 1 l di silicato di sodio	Impiegare in novembre alla dose di 800-1000 l/ha
Per grandi ferite da taglio	1/2 di letame bovino fresco + 1/2 di caolino	Aggiungere 1% di decotto di equiseto dinamizzato per 10 minuti

Pasta per tronchi

NOTIZIE GENERALI Le paste per tronchi sono poltiglie utilizzate soprattutto in agricoltura biodinamica, ottenute unendo letame bovino fresco e bentonite o caolino con altri ingredienti, secondo l'impiego che se ne intende fare.

IMPIEGO E MODALITÀ D'AZIONE Si distribuiscono sulle piante in riposo vegetativo in giornate asciutte e senza pericolo di gelate allo scopo di ripulire la corteccia da funghi e licheni, ridurre la possibilità di annidamento degli insetti, favorire la cicatrizzazione delle ferite, anche quelle causate dalle potature, e proteggere la corteccia dagli sbalzi termici. Inoltre vivificano e nutrono i tessuti del cambio.

Si utilizzano sulla vite, sugli alberi e sugli arbusti da frutto, sui roseti e sulle siepi.

Le paste solide si applicano con un pennello o una spazzola. Il tronco va ricoperto dalla base fino alle prime diramazioni, formando una protezione omogenea dello spessore di 3-4 mm.

Nei grandi appezzamenti si usano formulazioni liquide che possono essere distribuite con una pompa a spalla o un'irroratrice, dopo aver filtrato il tutto per evitare l'intasamento degli ugelli.

PREPARAZIONI E RICETTE La preparazione tradizionale prevede l'impiego di un terzo di letame bovino fresco, un terzo di bentonite e un terzo di sabbia silicea. A questa composizione si può aggiungere il decotto di equiseto per fluidificare la poltiglia e un 2-3% di silicato di sodio, che ha la funzione di vetrificare il tutto in modo da fissare la pasta ai tronchi.

Per ottenere le paste liquide si deve evitare l'uso della sabbia (che intaserebbe gli ugelli) sostituendola con silicato di sodio (max 5%) e procedendo poi a una diluizione impiegando latticello o latte scremato, decotto di equiseto o di ortica, preparato 500 o 500P e/o acqua. L'effetto del formulato liquido è inferiore a quello della pasta solida.
Esistono molte varianti per la preparazione della pasta per tronchi a seconda degli effetti che si intendono ottenere.

REPERIBILITÀ Di solito il coltivatore prepara da solo la pasta per tronchi, ma nei negozi di giardinaggio più forniti (anche on-line) la si può trovare già pronta per l'uso.

EFFICACIA Le notizie sull'efficacia della pasta per tronchi derivano principalmente dalle esperienze di alcuni coltivatori.

Preparato biodinamico 500

Chiamato più semplicemente **cornoletame**, si ottiene nel periodo invernale lasciando del letame di vacca all'interno di corna di vacca interrate.
È preferibile che il letame utilizzato sia ricavato da animali che hanno accesso al pascolo. Il letame e le corna devono provenire da soggetti che hanno già partorito almeno una volta.
L'interramento avviene tra fine settembre ed ottobre (preferibilmente il 29 settembre, giorno di S. Michele). Il processo di maturazione del cornoletame si completa in un ambiente protetto che facilita la concentrazione di molte forze vitali. Le corna si disseppelliscono nel periodo pasquale. Al momento dell'estrazione si nota che il contenuto si è trasformato e si presenta come l'humus: scuro, inodore, fresco, umido, morbido e colloidale.
Il preparato 500 si applica 2 o 3 volte l'anno in primavera e in autunno.

Preparato biodinamico 501

Chiamato comunemente **cornosilice** si ottiene in estate da cristalli di quarzo frantumati finemente fino allo stato colloidale e posti all'interno di un corno di vacca interrato.
Lo sminuzzamento dei cristalli si esegue dopo Pasqua e consente di mescolare con acqua piovana la polvere ottenuta ricavando una sospensione stabile di silice in acqua (che si presenta come un impasto) da inserire nelle corna di vacca.
Le corna così riempite sono tenute sotto terra dalla primavera fino a tarda estate.
Questo trattamento energizzante e rivitalizzante permette di ottenere un preparato complementare al 500. Infatti il 501 non si rivolge al suolo, ma alla parte aerea delle piante durante il periodo vegetativo.
Il cornosilice si conserva in vasetti di vetro chiusi, posti alla luce preferibilmente quella del mattino. Si deve anche evitare la vicinanza a campi elettromagnetici. I vasetti devono essere agitati o scossi una volta al mese.

Preparato biodinamico 507

Appartiene ai cosiddetti preparati da cumulo, ma il suo apprestamento è molto diverso dagli altri: si impiega, infatti, in forma di infusione. Per l'infusione si utilizzano i petali dei *Valeriana officinalis* separati dalla parte verde dell'infiorescenza, compresi i sepali, perché è molto importante che non sia presente clorofilla.

I petali interi o pressati vanno messi in infusione in acqua pura in bottiglie aperte. Il processo di preparazione termina quando il colore dell'infusione diviene giallo oro e l'odore assume fragranze simili a quelle della roccia bagnata.

Dinamizzazione

I preparati biodinamici si utilizzano dinamizzati, cioè in piccole quantità mescolate a grandi quantità di acqua.

La dinamizzazione si esegue all'aperto manualmente o con apposite macchine. Si usano contenitori cilindrici con un rapporto fra altezza e larghezza pari a circa 1:4. Sono da evitare i contenitori di plastica, zinco e alluminio. Dapprima il preparato viene disperso in acqua piovana, di fonte o di pozzo riscaldata ad una temperatura vicina ai 37°C. Poi si inizia la dinamizzazione mescolando energicamente in senso orario fino a quando si forma un vortice profondo. A questo punto si interrompe l'operazione e si riprende a mescolare in senso opposto. I vortici devono avere una pendenza lineare, senza curvature e ponendo attenzione ad evitare la fuoriuscita dell'acqua dal contenitore. Si continua così per un'ora alternando la direzione di rotazione del liquido. Al termine il prodotto dinamizzato è pronto per essere utilizzato.

Propoli

NOTIZIE GENERALI La propoli è il rimedio costituito dalla raccolta, elaborazione e modificazione, da parte delle api, di sostanze resinose prodotte dalle piante. Tra i vari costituenti della propoli troviamo: cere, resine, balsami, oli essenziali, acidi aromatici e polifenoli. Le proporzioni dipendono dalla pianta di provenienza e dal periodo di bottinatura delle api. Si raccoglie dall'arnia raschiandola dai punti dove è stata maggiormente depositata.

Per l'impiego in agricoltura viene preparata in soluzione acquosa, idro-alcolica, alcolica oppure come oleato.

IMPIEGO E MODALITÀ D'AZIONE La propoli favorisce lo sviluppo vegetativo delle gemme, la funzionalità degli organi sessuali del fiore e l'allegagione, nonché il primo accrescimento del frutticino. Per questo motivo viene utilizzata, talvolta in associazione con il boro, durante la fioritura.

Presenta anche proprietà fitostimolanti che favoriscono l'autodifesa della pianta e i processi di cicatrizzazione a seguito di potature o di avversità atmosferiche. Potenzia l'azione di alcuni antiparassitari (soprattutto lo zolfo), mentre l'attività anticrittogamica diretta è blanda in confronto agli altri prodotti impiegati in agricoltura biologica.

DOSAGGIO Si utilizzano 200-250 ml/hl (2-2,5 ml/l) quando si utilizza da sola, 150-200 ml/hl (1,5-2 ml/l) quando è associata a zolfo o prodotti rameici.

IMPIEGO PROFESSIONALE La propoli si usa in agricoltura biologica come corroborante.

REPERIBILITÀ La propoli ad uso agricolo si acquista via internet o presso rivenditori specializzati in prodotti per l'agricoltura biologica.

EFFICACIA Studi condotti in Liguria all'inizio degli anni '80 avevano mostrato l'efficacia dell'impiego della propoli come fungicida in associazione allo zolfo. Le sperimentazioni più recenti condotte dalla Regione Marche hanno dimostrato un'azione anticrittogamica della propoli in campo contro la peronospora, ma tale azione risulta essere troppo blanda rispetto a quella di altri fungicidi utilizzabili in agricoltura biologica. Alcuni apicoltori che adoperano la propoli sui loro alberi da frutta segnalano invece risultati molto positivi nel controllo delle malattie fungine. È possibile che tali esiti dipendano dai dosaggi utilizzati e/o dai metodi di estrazione della propoli.

Sapone molle e/o di Marsiglia

NOTIZIE GENERALI Il sapone molle di potassio, detto anche più comunemente sapone di Marsiglia, è un sale di potassio di acidi grassi. Può essere metabolizzato da alcuni batteri, perciò è biodegradabile.

IMPIEGO E MODALITÀ D'AZIONE Il sapone molle ha un'azione insetticida. Gli acidi che contiene alterano la struttura e la permeabilità delle membrane cellulari degli insetti, così che i contenuti cellulari fuoriescano dalle cellule danneggiate e l'insetto muoia rapidamente. A questa azione si aggiunge l'occlusione degli organi respiratori che determina l'asfissia dei parassiti colpiti.

Agisce per contatto contro gli insetti a tegumento molle come afidi, cicaline, cocciniglie, tripidi ecc., ma colpisce anche alcuni insetti utili come le larve dei sirfidi e gli acari predatori. La sua azione termina quando il prodotto si asciuga sulla pianta.

Il suo impiego riduce i danni da fumaggine, in quanto favorisce lo scioglimento della melata prodotta dagli insetti.

Viene anche usato come bagnante e adesivo abbinato agli insetticidi, perché migliora la diffusione omogenea del principio attivo all'interno della miscela da distribuire e assicura una distribuzione uniforme della miscela acqua-antiparassitario sugli organi vegetali.

DOSAGGIO Come insetticida si usano 1-2 kg/hl (10-20 g/l) se il sapone è solido o in pasta. Per comodità, soprattutto nei piccoli appezzamenti, in casa o sul balcone, si può usare anche il sapone di Marsiglia liquido alla dose di 10-20 cc/l con l'avvertenza di aumentare il dosaggio se il trattamento risulta inefficace.

Come adesivo e bagnante va utilizzato in dosi dieci volte inferiori: 100-200 g/hl ovvero 1-2 g/l.

NOTE Il sapone di Marsiglia è fitotossico su alcune piante (ippocastano, gardenia, alcune varietà di pero, azalea, poinsettia, begonia ecc.).
Nel dubbio, è bene trattare selettivamente solo una o poche foglie per verificare la sua innocuità, attendendo 24 ore prima di estendere il trattamento.
In ogni caso, per limitare le possibili scottature, che si manifestano spesso con la formazione di piccoli fori nel tessuto fogliare, è bene eseguire i trattamenti nelle ore serali.

IMPIEGO PROFESSIONALE In agricoltura biologica il sapone di Marsiglia si utilizza come corroborante.

REPERIBILITÀ Si trova facilmente in tutti i supermercati, ma si può acquistare anche presso rivenditori specializzati in prodotti per l'agricoltura biologica.

EFFICACIA Anche se il sapone di Marsiglia è utilizzato come insetticida già dagli anni '50, in Italia la sua efficacia è attestata soprattutto dalle esperienze di coltivatori professionali e hobbysti. Negli Usa, l'Università del Connecticut ha condotto alcuni studi che ne hanno confermato l'efficacia insetticida.

Riepilogo degli usi più frequenti

IN CASA

Sapone di Marsiglia per il controllo degli afidi

Oli vegetali per il controllo delle cocciniglie sugli agrumi e sulle piante ornamentali

NEL GIARDINO O SUL BALCONE

Sapone di Marsiglia per il controllo degli afidi

Oli vegetali per il controllo delle cocciniglie sugli agrumi e sulle piante ornamentali

Bicarbonato di sodio per il controllo dell'oidio sulle rose e le altre piante ornamentali

Propoli per migliorare la cicatrizzazione delle ferite in seguito a danni provocati dalla grandine o dal vento

NELL'ORTO

Sapone di Marsiglia per il controllo degli afidi

Bicarbonato di sodio per il controllo dell'oidio sulle Cucurbitacee

Propoli per migliorare la cicatrizzazione delle ferite in seguito a danni provocati dalla grandine o dal vento

SULLE PIANTE DA FRUTTA

Sapone di Marsiglia per il controllo degli afidi

Caolino per il controllo della mosca dell'olivo, della mosca della frutta e della psilla del pero, soprattutto in piccoli impianti o su piante isolate

Bicarbonato di sodio per il controllo dell'oidio sulla vite, sul melo e sul pesco

Bentonite (in associazione a zolfo) in prechiusura grappoli per il controllo della Botrytis sulla vite

Pasta per tronchi per il trattamento invernale delle piante da frutto isolate o in piccoli gruppi

Propoli per migliorare la cicatrizzazione delle ferite in seguito a danni provocati dalla grandine o dal vento

NAB per i trattamenti a base di zolfo in piena estate

CAPITOLO 6

Organismi utili

Organismi utili

Con lotta biologica si intende l'impiego di organismi viventi finalizzato a limitare le popolazioni di altri organismi considerati dannosi. Le specie utilizzate sono i nemici naturali, predatori o parassiti dei parassiti nocivi.
Si possono distinguere tre tipi di lotta biologica:

1. *conservazione e incremento dei nemici naturali;*
2. *insediamento di nuove specie utili;*
3. *lancio periodico di organismi utili.*

Conservazione e incremento dei nemici naturali

Al fine di limitare i danni provocati alle piante dai parassiti è fondamentale la gestione delle aree non coltivate, che deve essere considerata una vera e propria tecnica di lotta biologica. Tali zone, se sono gestite con oculatezza, possono favorire la conservazione e l'incremento degli organismi utili:

- aumentandone le performance (ad esempio aumentando la loro fecondità o longevità);
- modificando il loro comportamento per migliorare la loro capacità di ricerca;
- fornendo protezione da condizioni ambientali avverse;
- costituendo un'area di rifugio nei periodi in cui le colture non forniscono cibo sufficiente.

Fra queste aree, grande importanza assumono le siepi campestri: uno spazio vitale essenziale per molti insetti e altra fauna. Numerosi studi hanno verificato la correlazione positiva fra la presenza di siepi e il numero di insetti predatori dei parassiti presenti in un campo.
Anche i fossi e le aree limitrofe alle zone umide sono luoghi che offrono ospitalità a molti animali. Per questo motivo si dovrebbero evitare i tagli regolari della vegetazione che si sviluppa lungo i fossi, limitandosi a intervenire solo a partire da agosto, cioè dopo il periodo di cova degli uccelli.
Lasciar crescere in prossimità dei campi piante spontanee crea le condizioni perché moltissime specie utili possano trovare un rifugio. In alcuni studi effettuati sulla fauna che occupa le ortiche sono state individuate 166 specie di artropodi (insetti e ragni), di cui oltre il 40% sono nostri alleati (51 sono predatori e 18 parassiti dei patogeni) nella lotta contro i parassiti dannosi per le nostre coltivazioni.
Nei frutteti e nei vigneti l'inerbimento influisce positivamente sulle popolazioni di insetti utili e offre agli organismi dannosi una sorta di "alternativa alimentare" rispetto alle piante coltivate. Se il tappeto erboso è mantenuto costantemente basso, lo spazio vitale offerto è esiguo; al contrario, se la vegetazione viene lasciata crescere eseguendo pochi sfalci durante l'anno, meglio se a filari alterni, può fornire un'ampia e lunga fioritura che offre nettare e polline agli stadi adulti di insetti come le crisope e i sirfidi.
Una tecnica efficace nel richiamare gli utili nel campo coltivato prevede la semina lungo i filari di essenze come il grano saraceno, la facelia, il ginestrino e la senape bianca.
Nei frutteti, dove sono state seminate in strisce lunghe almeno 30 metri, è stata rilevata una presenza molto più elevata di utili, in particolare di sirfidi e coccinelle, e di conseguenza un miglior controllo delle popolazioni degli afidi.
Fra gli interventi attivi di conservazione e incremento degli organismi utili non si possono dimenticare l'installazione e la creazione di nidi artificiali per uccelli e mammiferi insettivori. Ma è possibile realizzare anche rifugi invernali per predatori di afidi come le crisope e le forficule (o forbicine), lasciando in campo dei recipienti colmi di paglia.

Heterorthabditis

Cinipide del castagno

Insediamento di nuove specie

Molti insetti dannosi sono importati, provengono cioè da aree diverse rispetto a quelle dove provocano i danni.

Tra la fine dell'800 e l'inizio del '900, la cocciniglia cotonosa (*Icerya purchasi*), un fitofago che colpisce gli agrumi, si diffuse dall'Australia all'America e all'Europa. Le prime infestazioni furono così devastanti da far temere di dover abbandonare la coltivazione degli agrumi in zone vocate alla produzione. Ma nei paesi d'origine, la cocciniglia cotonosa era considerata un insetto pressoché innocuo, così gli entomologi statunitensi cercarono di identificare i suoi nemici naturali. Tra questi, trovarono una coccinella, la *Rodolia cardinalis*, che una volta introdotta negli ambienti di nuova diffusione della cocciniglia fu in grado di acclimatarsi bene e di contrastare efficacemente lo sviluppo dell'insetto dannoso.

Si consolidò così l'idea che una specie importata diventa dannosa perché la sua popolazione cresce rapidamente in assenza di nemici naturali. L'introduzione nel nuovo ambiente colonizzato dei suoi nemici naturali (in particolare di predatori o parassiti specifici, per evitare il più possibile interazioni con altre popolazioni) può assicurare una soluzione duratura al problema se l'insetto utile riesce ad acclimatarsi nelle nuove zone di colonizzazione del parassita. Così gli esempi che seguirono quello della cocciniglia cotonosa furono numerosi.

Negli anni '20 l'afide lanigero (*Eriosoma lanigerum*), una specie dannosa per il melo, raggiunse l'Europa dagli Stati Uniti. Quattro anni più tardi fu introdotto anche il suo parassita specifico, l'*Aphelinus mali*, che assicura un ottimo controllo dell'afide nei meleti con un buon equilibrio biologico.

La cocciniglia di San Josè (*Quadraspidiotus perniciosus*) è originaria della Cina, ma giunse in Europa nel 1880 probabilmente dall'America. Questa cocciniglia è polifaga e, fra le piante coltivate, colpisce prevalentemente le pomacee e le drupacee arrecando danno soprattutto agli organi legnosi e ai frutti. Dopo un lungo periodo di acclimatamento, divenne costantemente dannosa negli anni '40 del secolo scorso.

L'introduzione negli anni '50 dell'imenottero parassita *Encarsia (Prospaltella perniciosi)* ha permesso di limitare fortemente le popolazioni e i danni provocati dalla cocciniglia.

Buoni risultati sono stati ottenuti anche in anni più recenti con l'introduzione di *Neodryinus typhlocybae*, un imenottero parassita specifico di *Metcalfa pruinosa*, un parassita polifago di origine americana giunto in Italia nel 1980.

Il cinipide del castagno (*Dryocosmus kuriphilus*) è originario della Cina ed è stato rinvenuto in Italia per la prima volta nel 2002. Si è diffuso rapidamente causando la perdita delle produzioni e la morte di molte piante di castagno. Negli anni immediatamente successivi sono avvenuti i primi rilasci in pieno campo di *Torymus sinensis*, un parassitoide che si sviluppa a spese delle larve del cinipide. Questa esperienza ricalca quella del Giappone, dove si sono dovuti

però attendere 10 anni prima di poter constatare un abbattimento significativo della popolazione del cinipide.
Gli interventi di insediamento dei nemici naturali richiedono studi preventivi a lungo termine e una conoscenza approfondita della biologia dei parassiti. Le introduzioni devono essere pianificate a livello territoriale e con il coinvolgimento delle istituzioni, ma possono assicurare soluzioni definitive e durature, pur richiedendo spesso tempi relativamente lunghi.

Lancio periodico di organismi utili

Se l'azione dei nemici naturali autoctoni o insediati è insufficiente al controllo del parassita oppure se gli ultimi non riescono ad alimentarsi nel nuovo territorio di diffusione del parassita è possibile, in determinate condizioni, ricorrere al lancio periodico di insetti, acari e nematodi utili.

Insetti e acari

Il lancio di insetti e acari è molto efficace negli ambienti controllati (serre e tunnel) e negli agrumeti.
I prodotti in commercio contengono pupe oppure stadi giovanili o adulti dell'organismo utile e vanno impiegati immediatamente dopo la consegna. Se si rende necessaria la conservazione, questa non deve superare le 18-24 ore e deve avvenire comunque in un luogo fresco.
I tempi di utilizzo rendono necessario rifornirsi direttamente dai produttori, acquistando gli organismi che interessano via internet.
I lanci possono essere mirati alla reintroduzione o all'incremento della popolazione dell'utile in un'area più o meno limitata oppure possono essere rivolti alla risoluzione dei danni causati da un parassita. In quest'ultimo caso, i lanci sono eseguiti in maniera preventiva contro i parassiti endemici, mentre contro quelli sporadici sono effettuati solo al comparire dell'insetto bersaglio.
Si possono lanciare sia predatori che parassiti dell'insetto che si intende controllare e il lancio deve essere tempestivo, in modo da colpire la popolazione dell'insetto bersaglio prima che i danni causati superino il limite di tolleranza. Se la popolazione del parassita è già numerosa, l'attività degli utili non è in grado di contenerne i danni al di sotto della soglia economica di convenienza.
Il lancio va eseguito nelle condizioni ottimali per la sopravvivenza dei nostri alleati (temperatura, organi sui quali effettuare il lancio e soprattutto assenza di pioggia), in modo che possano iniziare la loro attività in tempi rapidi. Le condizioni per la sopravvivenza sono specifiche di ogni insetto e sono indicate nelle etichette delle confezioni in vendita.
Dopo il lancio bisogna evitare l'impiego di insetticidi non selettivi o poco selettivi come il piretro o lo Spinosad. Anche l'uso di zolfo può disturbare l'attività di alcuni utili, riducendone la popolazione o rallentando la loro capacità riproduttiva.

Adalia bipunctata

L'*Adalia bipunctata* è una coccinella molto diffusa nei nostri habitat.

L'adulto è di colore rosso-arancione con due macchie nere (una per ogni elitra), ma in natura si trovano anche forme nere con macchie rosse. Le larve hanno forma allungata, con il corpo ben distinto in capo, torace e addome e sono provviste di zampe evidenti. Il dorso è grigio scuro con macchie arancioni.

Quando la temperatura supera i 20° C diventa un vorace predatore di afidi: nell'ultima fase di sviluppo larvale, la quarta, arriva a predare oltre 100 afidi al giorno. È una predatrice attiva anche allo stadio adulto.

Come tutte le coccinelle richiede un elevato numero di prede per svolgere al meglio la sua attività, per cui non è adatta ai lanci preventivi.

Le larve sono meno mobili (in natura le uova vengono deposte vicino alle colonie di afidi) e sono adatti a lanci localizzati nei focolai di infestazione. Si impiegano contro gli afidi che colpiscono orticole, fruttiferi, piante ornamentali e da appartamento introducendo 4-10 larve per pianta secondo il livello di infestazione e le dimensioni della pianta.

EFFETTI VISIVI Le colonie di afidi sono eradicate in una settimana circa. Sulla vegetazione si possono osservare adulti, larve e uova di Adalia.

PRINCIPALI UTILIZZI Si impiega per proteggere orticole, frutticole, floricole e ornamentali dagli afidi.

Gli adulti sono ottimi volatori e si spostano molto rapidamente, l'Adalia quindi viene impiegata spesso per favorire una introduzione generalizzata del predatore nelle aree verdi.

Ageniaspis citricola

Ageniaspis citricola è una vespa lunga 0,7-0,8 mm di colore nero con una leggera peluria bianco-argentea e con l'addome triangolare molto più piccolo del torace. Le zampe e le antenne sono più chiare del resto del corpo. È un parassita obbligato di *Phyllocnistis citrella*, la minatrice serpentina degli agrumi.

Le larve della minatrice serpentina parassitizzate da *Ageniaspis* continuano ad alimentarsi e a scavare mine per un certo tempo, ma non riescono a formare individui adulti, perché dalle loro pupe fuoriescono gli adulti di *Ageniaspis*. Questi necessitano di una elevata umidità relativa per sopravvivere. Il ciclo del parassitoide si completa in 16-18 giorni.

PRINCIPALI UTILIZZI In Italia l'impiego di *Ageniaspis citricola* sta uscendo ora dalla fase sperimentale. I lanci vanno eseguiti in autunno per garantire al parassitoide di incontrare le condizioni ambientali favorevoli (elevata umidità) al proprio sviluppo.

Anthocoris nemoralis

Anthocoris nemoralis è un insetto appartenente all'ordine dei rincoti.
Ha il corpo appiattito, di forma ellittica, lungo 2-5 mm, di colore bruno scuro con due macchie più chiare sul margine superiore del primo paio di ali.
È un predatore polifago, rustico e molto mobile, particolarmente attivo contro le psille.
È una specie autoctona che popola le siepi e la vegetazione erbacea naturale.
Sverna come adulto in diversi ripari e compare in primavera quando le temperature minime superano i 10° C. Il suo sviluppo può essere limitato da un abbassamento delle temperature e dalla carenza di prede.
I lanci si eseguono anche in 2-3 tempi tra marzo e aprile, con lo scopo di anticipare l'insediamento nell'ambiente per arrestare le infestazioni di psilla. Nei frutteti si rilasciano 1.000-2.000 individui per ettaro in almeno 5 punti di rilascio differenti, evitando però lanci vicini ai confini del frutteto.
Anthocoris nemoralis è attivo anche contro alcuni bersagli secondari: tripidi, afidi, acari e alcuni lepidotteri.

PRINCIPALI UTILIZZI Si usa soprattutto nei pereti per il controllo di *Psylla pyri* e *Cacopsylla pyri*, ma è efficace anche per controllare le popolazioni della psilla dell'eucalipto (*Glycaspis brimblecombei*), dell'albizzia (*Acizzia jamatonica*), del bosso (*Psylla buxi*) e dell'alloro (*Trioza alacris*).

Aphidius colemani e Aphidius ervi

Gli *Aphidius* sono imenotteri autoctoni lunghi 2-3 mm di colore nerastro, provvisti di lunghe antenne.
Le femmine adulte depongono le uova nel corpo degli afidi. Gli afidi parassitizzati vengono divorati dall'interno dalle larve in accrescimento fino a quando si rigonfiano trasformandosi in "mummie" color bruno-nocciola dalle quali fuoriescono i nuovi adulti di *Aphidius*.
Le femmine hanno un'alta capacità di ricerca e di parassitizzazione degli insetti bersaglio e ognuna di esse origina una progenie di circa 250 individui. Queste caratteristiche rendono possibile eseguire i lanci anche con bassi

Aphidius ervi

Aphidius colemani

livelli di infestazione, iniziando a intervenire appena si prevede che possano comparire le prime infestazioni di afidi.
In caso di infestazioni già in essere è consigliabile accompagnare il lancio di Aphidius con quello di un predatore (*Adalia bipunctata o Chrysoperla carnea*).
I lanci si eseguono soprattutto su colture orticole in serra o tunnel, introducendo da 0,5 a 2 individui per metro quadro e ripetendo la distribuzione più volte ogni 2-4 giorni in modo da ostacolare lo sviluppo degli afidi anche nelle condizioni più difficili.
Gli *Aphidius* rallentano la loro attività con temperature superiori a 27-28° C, quindi durante l'estate risultano essere meno efficaci.
Le confezioni in vendita contengono le mummie degli afidi dalle quali si attende lo sfarfallamento degli adulti, ma al momento del lancio possono essere presenti anche individui adulti che vanno lasciati sfarfallare prima di distribuire il contenuto sulle foglie.
A. colemani si utilizza contro afidi medio piccoli (*Aphis gossypii, Myzus pesicae*), mentre *A. ervi* si usa contro afidoni dei generi *Macrosiphum, Aulacorthum, Acyrtosiphon.*

EFFETTI VISIVI Circa due settimane dopo i primi lanci si vedono i primi afidi parassitizzati. Si riconoscono perché si gonfiano trasformandosi in una coriacea mummia grigia o marrone fornita di un foro rotondo sulla parte dorsale, dal quale è uscito il nuovo adulto di *Aphidius*.

PRINCIPALI UTILIZZI Si utilizzano in serra e pieno campo per proteggere colture orticole (zucchine, cetrioli, cocomeri, meloni, fragola, peperone, melanzana, pomodoro), frutticole (pesco) e floreali (rose) dagli afidi.

Aphytis melinus

Aphytis melinus è un parassita specifico della cocciniglia rossa forte originario della Cina.
L'adulto è una piccola vespa di colore giallo-arancione lungo circa 1 mm.
Le femmine depongono nella loro vita 20-25 uova sotto lo scudetto e accanto al corpo della cocciniglia. Le larve si sviluppano a spese della cocciniglia e si impupano sotto lo scudetto 15-20 giorni dopo

l'ovideposizione. Gli adulti sfarfallano sollevando il follicolo o praticando in esso un foro circolare.
Oltre all'attività parassitaria le femmine adulte sono anche predatrici della coccinìglia.

PRINCIPALI UTILIZZI Si impiega negli agrumeti per il controllo della Cocciniglia rosso forte eseguendo lanci in aprile-luglio e in settembre-ottobre, subito dopo le prime catture di maschi di *Aonidiella* nelle trappole.
Si lanciano 40-50 mila individui per ettaro ed è consigliabile ripetere la distribuzione per alcune settimane.

Chrysoperla carnea

Chrysoperla carnea è una specie cosmopolita nota anche come crisopa.
Gli adulti si nutrono di melata, nettare e polline, hanno un corpo esile di colore verde chiaro con una striscia gialla dorsale. Le antenne sono lunghe quasi come tutto il corpo. Le ali sono trasparenti e iridescenti, riccamente ramificate, a riposo ripiegate a tetto sull'addome.
Le larve sono predatrici prevalentemente di afidi, ma sono in grado di nutrirsi anche di altri insetti ed acari e delle loro uova. Si riconoscono dalla forma dell'apparato boccale con mandibole allungate, acuminate e arcuate verso l'interno. Il corpo è allungato, di colore grigio con tre paia di zampe.
Chrysoperla carnea sopporta bene le condizioni ambientali sfavorevoli e gli sbalzi termici, anche se il ritmo di alimentazione è massimo con temperatura di 27° C e umidità relativa compresa fra il 35 e il 75%.
I lanci si eseguono intervenendo subito dopo aver rilevato la presenza degli afidi sulla coltura.
Le larve devono essere distribuite sulla vegetazione facendo attenzione a non farle cadere a terra. Il quantitativo di riferimento è 10-20 larve per metro quadrato, ma bisogna distribuirne in maggior numero nelle zone più infestate.

EFFETTI VISIVI Ciò che rimane dall'afide succhiato dalle crisope è difficile da osservare. Invece, si possono notare sulla vegetazione le larve di crisopa e le tipiche uova fornite di un lungo peduncolo.

PRINCIPALI UTILIZZI Si utilizza su colture orticole (peperone, fragola, melanzana, pomodoro) e su ornamentali in serra e in pieno campo per combattere gli afidi.
È comunque possibile eseguire anche lanci inoculativi per reintrodurre la crisopa da un ambiente in cui è scomparsa o per incrementare la popolazione naturale. In questo caso il numero di individui da introdurre può essere più basso.

Cryptolaemus montrouzieri

Cryptolaemus montrouzieri è una coccinella endemica nell'Europa meridionale con elitre di colore interamente nerastro e il resto del corpo di colore marrone-arancio. Le larve sono lunghe fino a 14-15 mm e sono ricoperte di una cera bianca disposta in fiocchi irregolari che le fa vagamente assomigliare alle loro prede: le cocciniglie cotonose.
Adulti e larve sono predatori molto attivi, impiegati nella lotta biologica contro questi parassiti degli agrumi da quasi un secolo (le prime esperienze negli Usa sono del 1916).
Si rilasciano due o tre adulti sulle foglie con colonie in modo da permette il rapido contatto con le prede. La capacità di predazione è molto elevata e consente anche la completa eliminazione del fitofago.
I lanci devono essere ripetuti tutti gli anni nelle zone più fredde dove il *Cryptolaemus* non riesce a svernare.

EFFETTI VISIVI Le cocciniglie cotonose vengono divorate interamente. È possibile notare la presenza delle larve di *Cryptolaemus* e delle uova.

PRINCIPALI UTILIZZI Si impiega in pieno campo per la protezione di agrumi e piante ornamentali dalle cocciniglie cotonose (pseudococcidi).

Metaphycus bartletti

Metaphycus bartletti è una piccola vespa lunga circa un millimetro, di colore bruno metallico.
La femmina, di dimensioni superiori a quelle del maschio, depone le uova nel corpo della *Saissetia oleae* (Cocciniglia mezzo grano di pepe). Le larve, sviluppandosi, provocano la morte dell'ospite. La nuova generazione sfarfalla dopo 23-30 giorni dalla ovideposizione, praticando un foro di uscita nello scudetto della cocciniglia.

PRINCIPALI UTILIZZI *Metaphycus bartletti* si utilizza negli oliveti per il controllo della Cocciniglia mezzo grano di pepe, lanciando in primavera da 5 a 10 individui per pianta secondo il grado di infestazione dell'oliveto.
Di solito basta una stagione per ottenere la colonizzazione completa dell'oliveto.

Nematodi entomopatogeni

I nematodi sono un *Phylum*[1] animale che raggruppa 12.000 specie, alcune delle quali conducono vita parassitaria. Gli entomopatogeni sono parassiti degli insetti e appartengono principalmente a due specie: *Steinernema* ed *Heterorhabditis.*

Questi nematodi cercano attivamente le loro prede e penetrano al loro interno. Una volta dentro l'ospite rilasciano dei batteri simbionti che producono tossine in grado di uccidere la vittima in 24-72 ore. Gli insetti uccisi diventano giallo-marroni, o rossastri a seconda della specie, si seccano o diventano più sottili, ma sono molto difficili da vedere.

L'attività dei batteri trasforma i tessuti dell'ospite in un substrato ideale per lo sviluppo del nematode, che si riproduce generando migliaia di larve infettive, che abbandonano il cadavere dell'insetto in cerca di nuovi ospiti.

I nematodi si trovano in commercio in confezioni che possono essere utilizzate come un normale antiparassitario, ma alcuni accorgimenti rendono la loro applicazione più efficace. È opportuno togliere il filtro dell'atomizzatore, limitare la pressione (massimo 20 bar), mantenere in agitazione la sospensione e impiegare volumi d'acqua abbondanti, circa 13-15 hl/ha.

La vitalità e la mobilità dei nematodi sono significative quando l'umidità è elevata, tanto che i trattamenti si eseguono durante o subito dopo una precipitazione di almeno 5 mm. Queste condizioni garantiscono la presenza di un velo d'acqua sulla vegetazione o nel terreno per un periodo abbastanza lungo da permettere la penetrazione del nematode nell'insetto bersaglio.

Se la stagione idonea al trattamento è secca è possibile irrigare il suolo, o il substrato di coltivazione in caso di piante in vaso, prima e immediatamente dopo il trattamento e poi mantenere un'elevata umidità per due settimane.

Se il prodotto deve essere utilizzato sulla vegetazione è possibile utilizzare l'irrigazione sovrachioma prima e subito dopo il trattamento (minimo 2,5 mm di acqua) oppure distribuire con l'atomizzatore almeno 3-4.000 l di acqua per ettaro.

L'efficacia dell'intervento dipende anche dalla temperatura che deve essere superiore ai 12-13° C.

I trattamenti devono essere eseguiti nel tardo pomeriggio o la sera, perché i nematodi sono molto sensibili ai raggi ultravioletti e non sopportano l'esposizione alla luce diretta del sole. Inoltre la sera l'umidità è sempre più elevata.

Le confezioni vanno conservate al buio ad una temperatura di 2-6° C per 6 settimane al massimo.

---

1. *Phylum* è un termine utilizzato per riconoscere gruppi di esseri viventi. È gerarchicamente inferiore al Regno e superiore alla Classe. Ad esempio l'uomo appartiene al Regno Animale, *Phylum cordata* (Vertebrati), Classe *Mammalia* (Mammiferi), Genere Homo, Specie *H. Sapiens*.

Steinernema carpocapsae

Questo nematode vive a spese di numerosi insetti. Viene utilizzato soprattutto per il controllo della Carpocapsa del melo e del grillotalpa, ma è attivo anche contro i tipulidi, la piralide del bosso e la pulce dei gatti.
I trattamenti contro la Carpocapsa si eseguono fra settembre e ottobre per colpire le forme svernanti del fitofago.
Un ceppo di S. carpocapsae è attivo contro due parassiti delle palme di recente introduzione in Europa: il punteruolo rosso (*Rhynchophorus ferrugineus*) e il lepidottero *Paysandisia archon*.
La particolare formulazione di alcuni prodotti commerciali assicura l'attività dei nematodi per alcune settimane anche in condizioni non ottimali.
Nelle aree a rischio si eseguono trattamenti preventivi durante la stagione primaverile-estiva, mentre sulle piante già affette si ripetono almeno 2-3 interventi avendo cura di irrorare bene il centro della corona, l'inserzione delle foglie e gli stipiti.

Steinernema feltiae

Questo nematode è utilizzato per il controllo biologico di larve di ditteri (sciaridi, phoridae, agromizidi, muscidi) e lepidotteri (nottue, rodilegno, Carpocapsa, *Cydia pomonella, Anarsia lineatella, Cydia funebrana*). Nelle prove sperimentali condotte in Emilia Romagna, lo *S. feltiae* è il nematode che ha fornito i migliori risultati nel controllo della Carpocapsa.

Riepilogo degli usi più frequenti

NEL GIARDINO O SUL BALCONE

Adalia bipunctata e *Chrysoperla carnea* per l'incremento della popolazione dei predatori di afidi nelle aree verdi

Steinernema carpocapsae per la prevenzione, nelle zone a rischio, dei danni provocati dal punteruolo rosso e da *Paysandisia archon* sulle palme

Heterorhabditis bacteriophora per la lotta all'oziorrinco su azalee, rododendri e camelie coltivate in vaso

Phytoseiulus persimils in caso di danni provocati dal ragnetto giallo su ortaggi coltivati sul balcone

NELL'ORTO

Phytoseiulus persimilis per il controllo del ragnetto giallo nelle colture protette

Orius laevigatus e *Amblyseius cucumeris* per il controllo dei tripidi nelle colture protette

Encarsia formosa e *Eretmocerus eremicus* per il controllo degli aleurodidi nelle colture protette

Chrysoperla carnea, Adalia bipunctata e *Aphidius spp*. per il controllo degli afidi nelle colture protette

SULLE PIANTE DA FRUTTA

Anthocoris nemoralis per la prevenzione dei danni da psilla nei pereti

Steinernema feltiae per la riduzione delle popolazioni svernanti di Cydia pomonella (Carpocapsa) nei meleti e nei pereti

Cryptolaemus montrouzieri per il controllo del cotonello e degli altri pseudococcidi negli agrumeti

CAPITOLO 7

Trappole, recinzioni, coperture e altri sistemi di protezione

Le trappole

Le trappole sono usate per catturare lumache e insetti. La cattura dei parassiti ha due possibili finalità: il monitoraggio della popolazione, per stabilire il momento più opportuno per eseguire un trattamento, oppure la cattura di massa, per impedire o almeno contenere i danni.
Il monitoraggio serve di solito agli agricoltori professionali, mentre la cattura di massa è utile soprattutto per proteggere piccoli appezzamenti o piante isolate. Infatti, per essere efficace, quest'ultima richiede una distribuzione uniforme delle trappole in tutta la zona interessata dalla coltura, per evitare possibili intrusioni dagli appezzamenti confinanti.
Tutte le trappole sono costituite da un sistema di cattura e da un sistema di richiamo.
La cattura avviene grazie alla colla di cui sono cosparse le trappole, oppure in virtù della forma della trappola che impedisce l'uscita ai parassiti che vi sono entrati.
L'innesco con il sistema di richiamo stimola gli organi di senso del parassita attirandolo nella trappola. Il richiamo può essere rappresentato da una fonte luminosa, dal colore, da esche alimentari o da sostanze che imitano quelle emesse naturalmente dagli insetti (feromoni). I diversi tipi di trappola si distinguono proprio in base all'attrattivo impiegato.

Le trappole cromotropiche

Le trappole cromotropiche attraggono gli insetti grazie al loro colore. Molti insetti sono attratti dalle radiazioni luminose di determinate lunghezze d'onda, generalmente dal verde, dal giallo, dal bianco e dall'azzurro.
Sono costituite da fogli di materiale impermeabile e resistente agli agenti atmosferici colorati e cosparsi di una sostanza adesiva che trattiene gli insetti.
Le trappole devono essere appese sopra la coltura oppure sulla chioma che si intende proteggere, ma la disposizione dipende anche dalle abitudini del parassita che si vuole catturare. Per la cattura di massa bisogna collocarle con un'elevata densità, poiché il loro raggio d'azione è molto limitato. La sostituzione va effettuata ogni tre settimane circa.
Le trappole cromotropiche sono poco selettive e vanno usate solo quando non esistono tecniche di difesa alternative o è troppo complicato applicarle. La cattura di massa infatti, in particolare quella realizzata con le trappole gialle, ha un impatto negativo sulle popolazioni di ditteri e imenotteri utili, paragonabile a quello esercitato dai trattamenti chimici. Per questo motivo, queste trappole sono impiegate soprattutto per il monitoraggio, ambito in cui garantiscono una notevole affidabilità, dato che la tipologia del loro richiamo non è condizionata da fattori ambientali.
La tabella indica i principali parassiti che possono essere catturati con queste trappole in funzione del loro colore.
Le trappole cromotropiche sono facilmente reperibili in commercio, ma è possibile anche la produzione "fai da te", cospargendo piatti di plastica del colore desiderato con vischio o colla per topi.

Tab. 3 - Parassiti catturati secondo il colore delle trappole cromotropiche

Colore	Parassita	Coltura
Bianco	Hoplocampa brevis – Tentredine del pero	Pero
	Hoplocampa testudinea – Tentredine del melo	Melo
	Hoplocampa flava – Tentredine del susino	Susino
	Hoplocampa minuta – Tentredine del susino	Susino
	Hoplocampa rutilicornis – Tentredine del susino	Susino
Azzurro	Frankliniella occidentalis	Colture orticole, Pomacee e Drupacee, colture ornamentali
	Drepanothrips reuteri – Tripide della vite	Vite, nocciolo
	Taeniothrips meridionalis – Tripide del pesco	Pesco, altre Drupacee e Pomacee
Giallo	Bactrocera (Dacus) oleae - Mosca dell'olivo	Olivo
	Drepanothrips reuteri – Tripide della vite	Fruttiferi

Trappole alimentari

Queste trappole sono innescate con sostanze che esercitano un'attrazione di tipo alimentare sui parassiti. L'attrattivo può essere di natura zuccherina oppure proteica.

Si utilizzano anche dei sali ammoniacali; fra questi, in agricoltura biologica è ammesso solo il fosfato biammonico, che peraltro ha dimostrato di essere il più efficace per la cattura della mosca dell'olivo e della mosca della frutta.

Il sistema di cattura più economico è quello di utilizzare bottiglie di plastica di almeno un litro di capacità. Tali trappole si possono realizzare in vari modi:

1. tagliare la parte superiore di una bottiglia a circa 2/3 dell'altezza e incastrare il pezzo tagliato al contrario nella bottiglia stessa (vedi figura);
2. praticare numerosi fori delle dimensioni dell'insetto da catturare lungo le pareti della bottiglia chiusa con il suo tappo;
3. inserire nella bottiglia un apposito tappo-trappola per la cattura di insetti, in vendita nei negozi specializzati. Si tratta di dispositivi vari, muniti di accorgimenti particolari che ne agevolano l'utilizzo e migliorano la capacità di cattura. Il colore di questi tappi cambia in funzione del parassita che si intende catturare, al fine di combinare l'attrazione alimentare con quella cromatica.

Le trappole alimentari sono dotate di una migliore selettività rispetto a quelle cromotropiche, grazie alla differenza nelle abitudini alimentari dei parassiti.

Per questo motivo trovano impiego nell'agricoltura professionale anche per la cattura di massa e non solo per il monitoraggio, in particolare per il controllo delle mosche fitofaghe.

I risultati che si ottengono nel controllo della mosca dell'olivo e della mosca della frutta sono simili a quelli ottenuti con l'impiego di insetticidi biologici o chimici.

I costi sono invece più alti per via del tempo richiesto per l'installazione (e la successiva rimozione) delle trappole. Un vantaggio è determinato dal fatto che, per questi due parassiti, è sufficiente un'unica installazione per tutta la stagione.

L'efficacia delle trappole dipende molto dal tipo di esca usata. Su questo elemento si sono concentrate le attività sperimentali condotte sulla cattura di massa e sul monitoraggio della mosca dell'olivo, della mosca della frutta e di un parassita di recente introduzione in Italia: la *Drosophila suzukii*.

Per gli altri parassiti ci si deve basare soprattutto sulle esperienze di chi utilizza già da tempo questo metodo di difesa.

La tabella riporta le ricette degli attrattivi che si sono dimostrati finora più efficaci.

Le quantità indicate sono sempre riferite (dove non è indicato diversamente) a una bottiglia di plastica della capacità di 1,5 litri, da riempire parzialmente.

Realizzazione di trappola con una bottiglia di plastica.

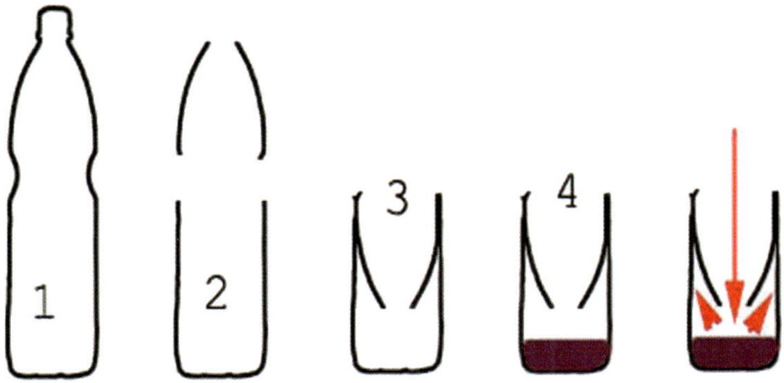

Tab. 4 - Parassiti catturati dalle trappole alimentari e ricette per il loro innesco

Parassita	Piante e ambienti	Ricette	Note
Mosca dell'olivo e Mosca della frutta	Olivo, agrumi, altri frutti (soprattutto nelle regioni centrali e meridionali)	Fosfato biammonico (si acquista come concime) in concentrazione fino al 4%.	Per la mosca dell'olivo si deve collocare almeno una trappola per pianta alla fine di giugno. Le trappole rimangono attive fino alla raccolta (novembre).
		Mezzo litro di ammoniaca liquida pura - si usa quella per le pulizie, purché non profumata - e una sardina (pesce crudo) o un cucchiaio di farina di pesce come esca proteica.	
Drosophila suzukii	Piccoli frutti, fragole	250-300 ml di aceto di mele addizionati a 100 ml di vino rosso e 1 o 2 cucchiai di zucchero.	A meno che non si adoperino gli appositi tappi, la bottiglia per la cattura va preparata chiudendone il tappo e praticando 5-6 fori di 5 mm di diametro nella parte alta delle pareti, per consentire l'ingresso dei moscerini. Le trappole vanno collocate possibilmente all'ombra, lungo i bordi dei campi all'altezza dei frutti (nel caso delle fragole il contenitore va leggermente interrato per evitare che si rovesci). La bottiglia va svuotata e l'attrattivo va rinnovato una volta alla settimana.
		1-2 cucchiai di lievito di birra e 1 di zucchero disciolti in 100 ml di acqua.	

Parassita	Piante e ambienti	Ricette	Note
Carpocapsa, tignole, sesia e altri tipi di lepidotteri	Frutticole e uva	Aromatizzare 125 ml di vino rosso per 15 giorni con 1 cucchiaio di zucchero, 2 chiodi di garofano e un pezzetto di stecca di cannella. Aggiungere acqua fino a raggiungere mezzo litro di attrattivo e versare la miscela nella trappola.	
Calabroni e vespe	Frutticole	Aggiungere a mezzo litro di birra 2 cucchiai di zucchero o miele.	
		Unire a mezzo litro di acqua 3 cucchiai di zucchero o miele e un bicchiere di aceto di vino rosso.	
		Aggiungere a mezzo litro di vino bianco dolce 25 ml di sciroppo di menta.	
Mosche e mosconi comuni	Giardini e ambienti domestici	Aggiungere a mezzo litro di acqua 25 g di scarti di pesce crudo (sarde, acciughe).	In commercio esistono attrattivi specifici per le mosche domestiche da utilizzare per innescare le trappole. Se le catture non sono soddisfacenti, è consigliabile spostare la trappola per trovare una giusta collocazione. Di solito è meglio evitare i punti troppo assolati.

Trappola per monitoraggio

Altri insetti

Particolari trappole, composte da crusca e zucchero, sono state utilizzate per la cattura massiva della nottua del cotone (*Spodoptera littoralis*), che danneggia le orticole e i fiori in Campania, Sicilia e Basilicata, mentre in commercio si possono trovare anche trappole per gli scarafaggi (blatte).
Tutte le trappole alimentari vanno controllate periodicamente eliminando i parassiti catturati, cambiando le esche quando hanno perso la loro attrattività e sostituendole quando hanno esaurito la loro capacità di cattura, cioè quando sono "piene".

Le trappole a feromoni

Queste trappole utilizzano come attrattivo i feromoni. Si tratta di sostanze prodotte in laboratorio che imitano perfettamente quelle emesse da ghiandole a secrezione esterna degli insetti, allo scopo di inviare un messaggio chimico a individui della medesima specie. Sebbene esistano vari tipi di feromone, i più utilizzati sono quelli emessi dalle femmine per attirare i maschi. Questi richiami chimici hanno un ampio raggio d'azione, ad esempio i maschi della tignola dell'olivo sono in grado di captare il feromone emesso dalle femmine anche a qualche chilometro di distanza.
La tipologia dell'attrattivo assicura una completa selettività, perché il richiamo viene esercitato esclusivamente verso gli insetti della specie bersaglio, cioè di quella a cui appartiene il feromone che agisce da esca.
Nell'agricoltura professionale l'impiego più frequente è per il monitoraggio: le trappole a feromoni si usano per il campionamento del volo e della popolazione di lepidotteri (farfalle e falene) e ditteri (mosche) parassiti.
Le trappole per il monitoraggio sono costituire da capannine che si possono appendere ai rami delle piante. Il foglio inferiore è cosparso di una sostanza collosa che permette la cattura dei maschi e trattiene l'erogatore del feromone. Nelle trappole per la cattura massale il dispenser è inserito in un sacchetto o un contenitore che prevede un sistema che consente l'ingresso degli insetti, ma ne impedisce l'uscita.
La cattura di massa è possibile solo in ambienti confinati o nel caso di parassiti che hanno una popolazione numericamente poco rilevante. La tabella che segue indica i parassiti contro i quali è utilizzata frequentemente, anche in campo professionale.
Anche per le trappole a feromoni la manutenzione è essenziale. Bisogna sostituirle quando non sono più in grado di catturare perché la superficie adesiva è ricoperta di insetti. Inoltre, il feromone viene rilasciato nell'ambiente per un periodo variabile fra le 6 e le 10 settimane in funzione delle sue caratteristiche chimiche, delle temperature esterne e dei coformulanti impiegati. Quando cessa l'attrattività, bisogna provvedere alla sostituzione del dispenser o dell'intera trappola, se è quest'ultima ad essere impregnata di feromone.

Tabella 5 - Trappole a feromoni

Nome comune	Principali specie bersaglio	Protezione verso	Ambiente	Note
Rodilegno	*Cossus cossus* *Zeuzera pyrina*	Fruttiferi e altre arboree ornamentali e forestali	Frutteto Giardino Bosco	Le trappole vanno messe ad una densità di 5-20 per ettaro, secondo ambiente e specie da proteggere. Per la protezione di poche piante è sufficiente una trappola.
Tignole della farina	*Ephestia elutella* *Ephestia kuehniella* *Plodia interpunctella* *Sitotroga cerealella*	Prodotti conservati (farine, cereali, legumi, frutta secca, pasta ecc.)	Cucina Dispensa Magazzino	Le trappole vanno installate quando la temperatura ambientale supera i 15° C.
Tarme	*Tineola bisselliella*	Abiti, tappeti	Armadi	Le trappole vanno installate quando la temperatura ambientale supera i 15° C.
Nottue	*Agrotis ipsilon* *Agrotis segetum* *Heliothis armigera* *Mamestra brassicae* *Spodoptera littoralis*	Orticole, fiori	Orto Serra Giardino	Le trappole vanno installate tra fine marzo e fine aprile, secondo la specie, generalmente ai bordi del campo.
Processionarie	*Lymantria dispar* *Hyphantria cunea* *Thaumetopoea pityocampa*	Piante forestali e fruttifere	Bosco Giardino Frutteto	Le trappole si installano in giugno.
Tuta absoluta	*Tuta absoluta*	Pomodoro	Orto Serra	Si utilizzano trappole a bacinella contenenti acqua insaporata, a fine aprile o al momento del trapianto. Si usano 15-30 trappole per ettaro. In una piccola coltivazione basta una trappola.

Altri tipi di trappole

Negli ultimi anni si stanno diffondendo trappole che migliorano la capacità di catturare gli insetti bersaglio, impiegando contemporaneamente attrattivi alimentari e sessuali (feromoni). L'effetto può essere ulteriormente potenziato scegliendo per la trappola il colore che attrae di più l'insetto bersaglio. Trappole di questo tipo si usano frequentemente per la cattura di massa delle mosche della frutta e della mosca dell'olivo.

Merita infine una segnalazione la possibilità di catturare le larve svernanti dei parassiti. Questo sistema si usa per il controllo della Carpocapsa (il verme delle mele e delle pere) e prevede l'installazione, nella seconda metà di agosto, di cartoni ondulati avvolti strettamente alla base dei tronchi, dove le larve di Carpocapsa trovano le condizioni ideali per trascorrere l'inverno. Raccogliendo i cartoni dopo la caduta delle foglie si riduce la popolazione del parassita fino ad annullarla, almeno quando si coltivano pochi alberi. Invece di distruggere le larve, è preferibile inserire i cartoni dentro zanzariere da cui le farfalle sviluppatesi dalle larve non possano uscire, permettendo invece l'eventuale fuoriuscita dei parassiti nostri alleati nel controllo della Carpocapsa.

Trappola a feromoni

Riepilogo degli usi più frequenti

IN CASA

Trappole luminose per la cattura delle zanzare
Trappole alimentari per la cattura delle blatte (scarafaggi)
Trappole a feromoni per la cattura delle tignole della farina
Trappole a feromoni per la cattura delle tarme

NEL GIARDINO O SUL BALCONE

Trappole luminose per la cattura delle zanzare
Trappole alimentari per mosche e mosconi
Trappole alimentari per vespe e calabroni
Trappole alimentari per le limacce
Trappole a feromoni per i rodilegno
Trappole a feromoni per le nottue

NELL'ORTO

Trappole cromotropiche azzurre per tripidi e *Frankliniella* (in serra)
Trappole cromotropiche gialle per aleurodidi e mosca bianca (in serra)
Trappole alimentari per le limacce
Trappole alimentari per gli elateridi
Trappole a feromoni per le nottue
Trappole a feromoni per *Tuta absoluta* (solo pomodoro)

SULLE PIANTE DA FRUTTA

Trappole cromotropiche bianche per le tentredini su pero e susino
Trappole alimentari (eventualmente attivate anche con feromoni) per la mosca della frutta su agrumi e altra frutta nelle regioni centro-meridionali
Trappole alimentari per la *Drosophila suzukii*, per i piccoli frutti e le fragole
Trappole alimentari per Carpocapsa, tignole e sesia (solo per piante isolate in piccolo numero)
Trappole alimentari per calabroni e vespe
Trappole a feromoni per i rodilegno
Trappole per la cattura di forme svernanti per la Carpocapsa su melo e pero

Recinzioni, coperture e altri sistemi di protezione

Alcuni parassiti si presentano in modo sistematico danneggiando le coltivazioni. Contro alcuni di essi è possibile realizzare dei sistemi di protezione costruiti ad hoc.
I sistemi di protezione prevedono un certo impegno (di lavoro e/o economico) al momento della loro installazione, ma garantiscono in genere una protezione molto efficace.

Recinzioni e reti

L'uso delle reti e delle recinzioni per tenere lontani gli animali indesiderati è piuttosto frequente ed è il sistema di dissuasione più utilizzato contro gli animali di grossa taglia, come gli ungulati e i cinghiali, perché rappresenta una misura di prevenzione adeguata soprattutto per piccole parcelle dove si constatino danni ripetuti.
Le recinzioni fisse sono costruzioni destinate a durare nel tempo. I pali vanno conficcati nel terreno a un metro di profondità e ad una distanza massima di 4 metri uno dall'altro. La rete deve essere collocata ben tesa per renderla pienamente efficiente utilizzando un filo tenditore in acciaio del diametro di almeno 3,5 mm. Le reti migliori sono quelle con una maglia di 20x20 cm, mentre sono da evitare le reti a nodi e il filo spinato che possono provocare ferite anche mortali alla fauna selvatica. È possibile ridurre i costi tendendo sopra la rete due cavi supplementari ad una distanza massima di 25 cm uno dall'altro.
Verificare regolarmente l'integrità delle recinzioni e provvedere alla loro costante manutenzione permette di mantenerle efficaci anche per molti anni.

Tab. 6 - Indicazioni per la costruzione delle recinzioni

Fauna responsabile dei danni	Danni provocati	Note per la costruzione delle recinzioni fisse meccaniche
Cinghiali	Danneggiano seminativi, orticole e vigneti nutrendosi delle produzioni e rivoltando il terreno alla ricerca di vermi e radici	Le recinzioni possono essere alte 80-120 cm, ma la rete dovrà essere interrata almeno 50 cm e fissata saldamente al suolo
Caprioli, daini, cervi ecc.	Si nutrono dei germogli di fruttiferi, orticole, vite. Inoltre, scortecciano alberi da frutta e piante forestali, provocando danni soprattutto nella fase di accrescimento	Le reti devono essere alte circa 250 cm. In caso di terreni declivi l'altezza effettiva della recinzione dipende dell'altezza del terreno a monte. Vanno fissate saldamente al suolo ancoraggi in ferro (sardine, ferri a U) perché i caprioli hanno l'abitudine di passare sotto la rete

Le recinzioni realizzate per impedire l'ingresso degli ungulati sono spesso adatte ad evitare anche i danni provocati da lepri e tassi.
In appezzamenti di dimensioni più grandi si preferisce utilizzare recinzioni elettrificate, che hanno dimostrato la loro efficacia in molte prove sperimentali.
L'uso di protezioni individuali, cioè una per ogni pianta, è giustificato quando si impianta un frutteto, un vigneto o un bosco in zone in cui si teme che la fauna selvatica possa danneggiare le piantine scortecciandole. Gli appositi shelter si trovano facilmente in commercio. Ce ne sono di vari tipi, scegliete quello che permette la migliore protezione nei confronti dell'animale più temuto.

Reti antinsetti

L'impiego di reti a maglie sufficientemente fitte può impedire agli insetti di entrare in ambienti protetti o di raggiungere la pianta da parassitare. L'impiego di sistemi di protezione di questo tipo è molto diffuso. Basti pensare alle zanzariere, che ormai costituiscono un sistema di protezione irrinunciabile contro la presenza di questi fastidiosi insetti nelle case, oppure alle reti applicate alle finestre dei laboratori dove si trattano prodotti alimentari per impedire l'ingresso nei locali a tutti gli insetti volanti.
Le reti antinsetto trovano impiego anche nell'agricoltura professionale. Possono essere usate anche per ridurre e/o evitare i danni provocati dagli uccelli.

Il sistema Alt'Carpo

Il sistema Alt'Carpo, concepito nel 2005 da Guilhem Sévérac in Francia, sta trovando un'ampia diffusione perché impiegando le reti anti-grandine permette di evitare i danni provocati dalla Carpocapsa, la cui larva penetra nella polpa di mele e pere distruggendo i frutti.

Le prove condotte in Francia e Italia dimostrano inequivocabilmente l'efficacia di questo metodo.

Il sistema prevede la copertura di interi filari o appezzamenti, ma è possibile limitare la protezione anche a una sola pianta.

Le reti utilizzate hanno una maglia con dimensione di 2,2×5,4 mm oppure 3x7,4 mm e possono essere appoggiate direttamente sulla vegetazione, anche se è preferibile posarle su un filo posizionato sopra la vegetazione stessa, in modo da facilitare il ripiegamento invernale. In ogni caso, la rete deve essere sufficientemente larga per evitare di comprimere la vegetazione.

Il fissaggio delle reti deve avvenire dopo la fioritura e prima dell'inizio del volo del parassita. In caso di interventi manuali sulle piante (ad esempio il diradamento) le reti si possono sollevare, ma devono essere richiuse il prima possibile.

Le reti vengono poi sollevate definitivamente appena prima della raccolta.

Oltre al controllo della Carpocapsa, Alt'Carpo:

1. permette di controllare i danni provocati da *Cydia molesta*, dalla piralide e dalla mosca della frutta;
2. consente un parziale controllo della Psilla sul pero;
3. riduce le malformazioni ai frutti provocate dai miridi;
4. contiene i danni causati da uccelli;
5. non ha effetti significativi sulle popolazioni di insetti predatori o parassiti degli afidi;
6. non ha effetti negativi sullo sviluppo di malattie fungine, in particolare della ticchiolatura del melo e del pero;
7. determina un aumento dei danni causato da tingidi e Metcalfa sul pero;
8. peggiora leggermente la colorazione dei frutti.

Gli ottimi risultati ottenuti nel controllo della Carpocapsa hanno indotto gli studiosi a provare le reti anche per evitare il controllo di altri insetti carpofagi (cioè che mangiano i frutti) come *Cydia funebrana* su susino, *Cydia molesta* su pesco e altri fruttiferi, *Rhagoletis cerasi* su ciliegio, ottenendo risultati molto incoraggianti.

I sacchetti

Mentre Alt'Carpo può essere applicato sia nell'agricoltura professionale che per la protezione delle piante collocate in un giardino, un sistema riservato a chi coltiva solo poche piante è la protezione dei frutti (mele, pere, pesche) con sacchetti di carta fissati con un filo.

I frutti vanno insacchettati prima del primo volo degli insetti carpofagi e si tolgono al momento della raccolta. Secondo l'esperienza di alcuni frutticoltori, occorrono dai 30 ai 60 secondi per insacchettare un singolo frutto.

Questo sistema viene utilizzato anche nello storico frutteto all'interno dei Jardin di Luxembourg a Parigi. La presenza del sacchetto non interferisce in modo significativo sulla colorazione dei frutti, perché questa dipende più dalla differenza di temperatura fra giorno e notte che dalla diretta esposizione alla luce del sole.

Coperture parapioggia

I funghi parassiti penetrano nei tessuti della pianta ospite quando le foglie o gli altri organi restano bagnati per un periodo di tempo abbastanza lungo (alcune ore), variabile in funzione del tipo di parassita e della temperatura ambientale: più fa caldo e più si riduce la durata della bagnatura fogliare necessaria.
La realizzazione di coperture che, pur permettendo il passaggio della luce, impediscono alla pioggia di bagnare le foglie è quindi un valido sistema di protezione contro lo sviluppo di malattie fungine.
Le coperture si impiegano soprattutto nella coltivazione del lampone rifiorente, poiché il suo frutto è molto suscettibile alla muffa grigia e continua a maturare fino ad autunno inoltrato quando, per la piovosità molto elevata, le condizioni climatiche sono ideali per lo sviluppo della malattia.
Il loro uso può essere esteso ad altre colture, come le fragole.
Non sempre serve approntare una struttura apposita: se le piante sono coltivate sotto tunnel, questo svolge anche la funzione parapioggia. Per i lamponi o per proteggere piccole aiuole possono essere realizzate intelaiature più semplici, senza pareti laterali e con un'arcata ridotta sufficiente a sostenere un telo di polietilene a copertura della coltivazione. In questo caso i teli vanno rimossi durante l'inverno per evitare che la neve danneggi le strutture.

Confusione e distrazione sessuale

La confusione e la distrazione sessuale sono due metodi di difesa altamente selettivi in quanto la loro azione si rivolge solo verso le specie bersaglio, con l'obiettivo di impedire gli accoppiamenti e le successive ovideposizioni. Quindi, la collocazione in campo dei distributori di feromone deve precedere l'inizio del volo del fitofago che si intende controllare.
Le due tecniche sono efficaci soltanto se la superficie degli appezzamenti ha forma regolare ed è abbastanza grande: sono necessari circa un ettaro per la distrazione e almeno due ettari per la confusione.
Un'altra condizione per la loro efficacia è una bassa popolazione iniziale del parassita: in caso contrario la possibilità degli incontri casuali tra maschi e femmine della stessa specie aumenta, creando le condizioni per provocare danni ai frutti. Ad esempio, nel caso della Carpocapsa, un danno sui frutti al momento della raccolta nell'anno precedente pari allo 0,3% rende necessario eseguire dei trattamenti (con prodotti a base di virus della granulosi o di Spinosad) sulla prima generazione del parassita anche in caso di applicazione di uno dei due metodi. Sulle generazioni successive i trattamenti potranno essere sospesi se si accerta che il metodo applicato stia funzionando in modo efficace.
Il buon funzionamento del metodo adottato deve essere monitorato regolarmente attraverso:

1. l'installazione e il controllo di trappole sessuali: la presenza di adulti dell'insetto combattuto, sta a indicare che il maschio è in grado di rintracciare le femmine e fecondarla e quindi di dare luogo all'infestazione;
2. il controllo visivo dei frutti (e/o dei germogli), verificando l'assenza di fori di entrata delle larve.

Confusione sessuale

La tecnica consiste nel distribuire uniformemente nell'ambiente grandi quantità di feromone in modo da impedire ai maschi di rintracciare le femmine evitando così gli accoppiamenti e le successive ovideposizioni.
Gli erogatori di feromone devono essere collocati in campo, nella parte alta della chioma, con una densità variabile da 300 a 1000 erogatori per ettaro, secondo la specie da controllare e il tipo di erogatore utilizzato. Ai bordi, la densità deve essere maggiore che nella parte interna del campo. Gli erogatori differiscono per la forma e per il materiale di cui sono fatti. Quelli prodotti con plastiche biodegradabili possono essere lasciati a fine vita nel frutteto, dove si degradano. Restano efficaci per un periodo di 120-140 giorni.
Negli ultimi tempi si è diffusa l'utilizzazione dei puffers, apposite stazioni comandate da un meccanismo a controllo elettronico, che provoca l'emissione del feromone sotto forma di aereosol solo negli orari del volo dei parassiti, quindi solitamente alla sera. Sono sufficienti 2 o 3 puffers per ettaro. Questo sistema è particolarmente valido quando la superficie del frutteto supera i 5 ha.
Esistono, infine, formulazioni spray da distribuire con le normali attrezzature

per i trattamenti. Si tratta di sospensioni di microcapsule che contengono il feromone. Le capsule aderiscono alla vegetazione e rilasciano nel tempo il feromone. Operando in questo modo è necessario eseguire più applicazioni per stagione a intervalli di 15-30 giorni.
La confusione sessuale si può applicare per la difesa da Carpocapsa, *Cydia molesta*, *Anarsia*, *Tignoletta* e *Tignola della vite*, *Cidia* del susino, ricamatori del melo ecc.. In alcuni casi, i dispenser sono accoppiati e controllano contemporaneamente due o più specie.

Distrazione sessuale

La tecnica consiste nel creare nell'ambiente delle false tracce che entrano in competizione con quelle delle femmine. I maschi, al contrario di quanto avviene nella confusione, percepiscono le scie odorose, ma la presenza di un numero elevato di erogatori (da 2000 a 3000 per ha) innescati con basse dosi di feromone, rende improbabile l'incontro tra maschi e femmine.
Anche in questo caso gli erogatori vanno collocati nella parta alta della chioma e con una maggiore densità ai bordi dell'appezzamento, ma è necessario reinstallarli prima di ogni volo (generazione) del fitofago, perché hanno una durata di 40-60 giorni.
La distrazione sessuale si può applicare su Carpocapsa, *Cydia molesta*, Cidia del susino e Anarsia.

Tab. 7 - Specie di uccelli e tipo di danni

Specie	Danni in ambito agricolo	Danni in ambito rurale
Storno	Colpisce frutteti, vigneti e oliveti durante la maturazione dei frutti e colture in pieno campo (girasole, mais, sorgo) alla semina e durante la maturazione.	Causano problemi di carattere igienico soprattutto per la presenza di guano; danneggiano gli alberi su cui dormono; rendono scivolosi marciapiedi e strade, imbrattandoli.
Cornacchia grigia, gazza	Colpiscono frutta e ortaggi in maturazione e mais, girasole e sorgo in fase di emergenza e in maturazione.	
Passere, ghiandaie, tordi	Si nutrono di frutti maturi, soprattutto ciliege, mele e uva.	

Sistemi di dissuasione

Alcuni uccelli possono danneggiare le colture agricole cibandosi dei semi, delle giovani plantule appena germinate e dei frutti maturi. Altri volatili sono molesti in ambito urbano perché causano danni agli edifici per il deposito di guano e altro sudiciume. Senza dimenticare che deiezioni, piume, vecchi nidi e carcasse decomposte rappresentano un forte richiamo per ratti e topi.
Per contenere i danni provocati dagli uccelli si utilizzano sistemi di dissuasione ottici, meccanici o acustici.

Sistemi di dissuasione ottici

Il più antico sistema di dissuasione ottico è lo spaventapasseri, costituito da una intelaiatura in legno che sostiene un fantoccio. Tuttavia gli uccelli si abituano rapidamente alle fattezze umane dello spaventapasseri e dopo pochi giorni l'effetto dissuasivo cessa.
Più efficaci si stanno dimostrando i pupazzi che imitano l'aspetto dei predatori naturali, soprattutto falchi e gufi. Se poi questi dispositivi sono in grado di muoversi l'effetto migliora ancora e permane per un periodo più lungo. Alcuni spaventapasseri sono in grado di ruotare su se stessi grazie all'azione del vento, altri sono aquiloni su cui è disegnata la forma di un rapace.
Buoni risultati si ottengono con l'uso dei palloni terrifici, il cui disegno richiama gli occhi dei predatori. Questi dispositivi posizionati in giusto numero sopra le colture da proteggere si sono dimostrati in grado di allontanare i volatili. È bene disporre di palloni di colore diverso, perché alternando i vari colori senza mescolarli si prolunga l'effetto deterrente.

Riepilogo degli usi più frequenti

IN CASA

Trappole luminose per la cattura delle zanzare
Trappole alimentari per la cattura delle blatte (scarafaggi)
Trappole a feromoni per la cattura delle tignole della farina e delle tarme

NEL GIARDINO O SUL BALCONE

Trappole luminose per la cattura delle zanzare
Trappole alimentari per mosche e mosconi, per vespe e calabroni e per le limacce
Trappole a feromoni per i rodilegno e per le nottue

NELL'ORTO

Trappole cromotropiche azzurre per tripidi e *Frankliniella* (in serra)
Trappole cromotropiche gialle per aleurodidi e mosca bianca (in serra)
Trappole alimentari per le limacce e per gli elateridi
Trappole a feromoni per le nottue e per *Tuta absoluta*

SULLE PIANTE DA FRUTTA

Recinzioni contro l'intrusione di mammiferi
Alt'carpo su melo per il controllo della carpocapsa e su altre frutticole per il controllo di insetti carpofagi
Insacchettamento dei frutti per il controllo di insetti carpofagi
Coperture parapioggia sui lamponi per il controllo della muffa grigia
Palloni terrifici per il controllo degli uccelli
Strisce riflettenti per il controllo degli uccelli
Shelter a protezione delle piante giovani per evitare danni da rosicchiature

CAPITOLO 8

Prodotti fitosanitari microbiologici

Prodotti fitosanitari microbiologici

I fitofarmaci utilizzabili in agricoltura biologica possono essere distinti in prodotti microbiologici e in prodotti di origine vegetale o minerale.
I prodotti fitosanitari microbiologici non sono tossici per l'uomo e i mammiferi e, di solito, hanno una tossicità limitata anche verso invertebrati diversi dall'organismo bersaglio.
L'impiego di virus, batteri e funghi per la difesa delle piante si è diffuso notevolmente negli ultimi anni, tuttavia la loro quota di mercato è ancora molto ridotta e rappresenta solo lo 0,5% del mercato europeo degli agrofarmaci. È opportuno anche evidenziare che un solo organismo (il Bacillus thuringiensis*) supporta l'80% delle vendite di prodotti microbiologici.*
Le schede presentano i prodotti microbiologici più diffusamente utilizzati (generalmente perché più efficaci) per la difesa delle piante, ma altri organismi e altri ceppi sono in fase di studio e potrebbero dimostrarsi adatti e indicati per la difesa da alcuni parassiti, anche in tempi brevi.
Le schede permettono di conoscere meglio questi prodotti, ma non possono in alcun modo sostituire l'etichetta o la scheda tecnica.

Ampelomyces quisqualis

NOTIZIE GENERALI Ampelomyces quisqualis è un fungo parassita di varie specie di oidio. È presente in natura e non è manipolato geneticamente. Le prime applicazioni di lotta biologica all'oidio con questo micoparassita risalgono al 1932.

IMPIEGO Si usa per il controllo dell'oidio della vite, delle cucurbitacee, delle solanacee, della fragola e della rosa, intervenendo quando l'infezione è limitata (meno del 3% di foglie attaccate) ed eseguendo, di solito, 2 trattamenti a distanza di 7-10 giorni. I trattamenti potenziano le popolazioni naturali già presenti nell'ambiente arricchendole fino a livelli tali da garantire il contenimento della malattia.
Gli interventi si eseguono nelle prime ore del mattino o nelle ore serali, perché è necessario che l'umidità relativa sia almeno al 60% per assicurare la germinazione e l'insediamento di A. quisqualis sulla vegetazione.
La miscela va impiegata lo stesso giorno della preparazione perché le spore possono perdere vitalità se lasciate in sospensione per più di 12 ore. Non va impiegato nei 5 giorni successivi ad un trattamento eseguito con zolfo.

MODALITÀ D'AZIONE I tubetti germinativi di A. quisqualis penetrano all'interno delle ife dell'oidio parassitandolo e crescendo indipendentemente dalle condizioni ambientali esterne; ciò determina la cessazione dello sviluppo e la morte dell'oidio.

DOSAGGIO La dose di impiego cambia con l'epoca di intervento e con la pianta trattata. Bisogna quindi seguire le indicazioni in etichetta.

NOTE Il prodotto commerciale contiene spore vitali del fungo. Si mantiene stabile per oltre 24 mesi alla temperatura di 4-5°C e per un anno se conservato a 20-21°C e al buio.

La conservazione non è assicurata dopo l'apertura della confezione.

REPERIBILITÀ In Italia è attualmente registrato un solo formulato a base di A. quisqualis acquistabile presso rivenditori specializzati in agricoltura biologica oppure on-line.

EFFICACIA Le prove condotte hanno mostrato che A. quisqualis è particolarmente efficace a basse temperature e contro le forme svernanti dell'oidio.

Bacillus thuringiensis

NOTIZIE GENERALI Il *Bacillus thuringiensis* (Bt) è un batterio caratterizzato dalla presenza di un cristallo proteico contenente una tossina attiva nei confronti di numerose specie di insetti. Questa attività insetticida è stata scoperta nei primi anni del '900 e i primi formulati commerciali furono disponibili far gli anni '50 e '60.
Ogni ceppo di Bt è attivo contro uno specifico gruppo di insetti. Sono quattro i ceppi commercializzati da tempo con successo:

- **kurstaki**, attivo sui lepidotteri, in particolare la tignoletta della vite , i tortricidi ricamatori, la *Anarsia* e Tuta absoluta;
- **aizawai**, attivo sui lepidotteri, in particolare i nottuidi e le cavolaie;
- **tenebrionis**, attivo contro la dorifora della patata;
- **israelensis**, attivo contro le zanzare.

IMPIEGO Si impiega contro le larve degli insetti bersaglio avendo cura di bagnare bene la coltura per essere sicuri che i parassiti ingeriscano una sufficiente quantità di tossine. Per migliorare l'efficacia del prodotto è utile:

- stimolare l'alimentazione delle larve aggiungendo zucchero alla miscela insetticida;
- servirsi di acqua con un pH pari a 6,5-7, eventualmente provvedendo a correggere tale valore con aceto.

Il Bt è molto attivo su larve nei primi stadi di sviluppo, pertanto è fondamentale stabilire con attenzione il momento di applicazione. Tale scelta può basarsi sul monitoraggio dell'insetto ottenuto con l'impiego di trappole o su controlli visivi in campo oppure sulle informazioni fornite dai modelli previsionali e diffuse con i bollettini fitopatologici.
I trattamenti vanno ripetuti ogni 5-7 giorni fino a quando sono presenti sulle coltura larve giovani del parassita. Bt è attivo per circa una settimana, ma

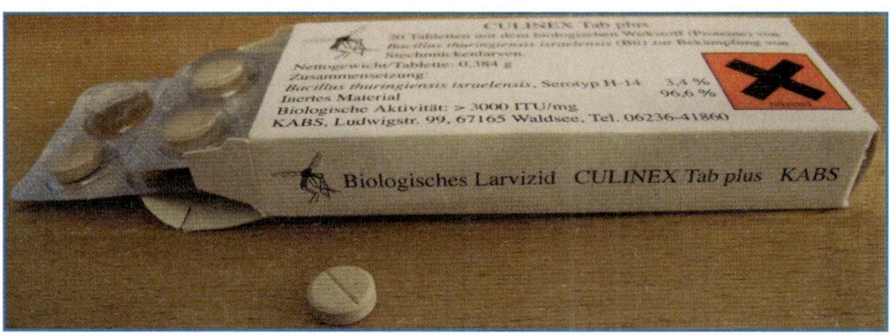

temperature elevate associate a un'alta umidità dell'aria riducono la persistenza del prodotto.
È opportuno irrorare le piante alla sera quando i raggi UV, che disattivano rapidamente il Bt, sono meno intensi e utilizzare la miscela insetticida subito dopo la sua preparazione.
I prodotti a base di Bt non possono essere miscelati con prodotti a reazione alcalina come calce e poltiglia bordolese.

MODALITÀ D'AZIONE Il Bt agisce, solamente per ingestione, sulle larve degli insetti. Si comporta come un veleno e non ha bisogno di riprodursi all'interno dell'organismo ospite. Il cristallo proteico si scioglie a contatto con i succhi digestivi dell'ospite e libera la tossina, che paralizza i muscoli dell'apparato digerente. L'insetto smette quasi subito di alimentarsi per poi morire entro 2 o 3 giorni .
Bt è più efficace contro le larve ai primi stadi di sviluppo perché:

- la dose necessaria per ucciderle è più bassa;
- le giovani larve sono più voraci in rapporto al loro peso.

DOSAGGIO La dose di impiego cambia in base al momento di intervento e alla pianta trattata. Bisogna quindi seguire le indicazioni dell'etichetta, tenendo conto che quelle minime sono efficaci solo quando le larve sono appena sgusciate.
Lo zucchero viene aggiunto alla dose di 1 kg/hl (10 g/l)

NOTE I prodotti a base di Bt, in particolare le formulazioni liquide, riducono la loro efficacia con lo stoccaggio. Vanno conservati in locali freschi, asciutti e senza luce solare diretta al massimo per due anni.
Negli ultimi anni sono stati segnalati dei fenomeni di resistenza ai trattamenti con Bt. Tali fenomeni sono stati messi in correlazione soprattutto con l'impiego di piante OGM in grado di produrne la tossina.

REPERIBILITÀ Sono numerosi i formulati commerciali autorizzati in Italia, la maggior parte non è classificata come pericolosa per la salute, alcuni sono considerati irritanti.
Bt è acquistabile presso rivenditori di fitofarmaci, soprattutto quelli specializzati in agricoltura biologica, oppure on-line.

EFFICACIA L'efficacia del Bt è stata confermata da innumerevoli studi e prove di campo condotti in tutto il mondo. Le ricerche sono arrivate anche a definire la minore o maggiore efficacia dei singoli formulati commerciali sul singolo parassita.

Bacillus subtilis

NOTIZIE GENERALI Il Bacillus subtilis è un batterio appartenente alla microflora del terreno, spesso presente nella zona che circonda le radici delle piante.

IMPIEGO B. subtilis si impiega prevalentemente contro la botrite su vite e fragola e contro la *Monilia* sulle drupacee.
È attivo anche contro altre crittogame, ad esempio la ticchiolatura e il colpo di fuoco batterico, ma la sua attività contro questi parassiti è conside-

rata troppo blanda per assicurarne un controllo efficace.

È bene eseguire i trattamenti nelle ore serali per migliorare l'efficacia del prodotto. È opportuno anche evitare miscele con altri fitofarmaci che potrebbero danneggiare il microrganismo.

L'etichetta dei prodotti fitosanitari in commercio prevede una limitazione nel numero di interventi all'anno (da 4 a 8 interventi in relazione alle colture e alle avversità).

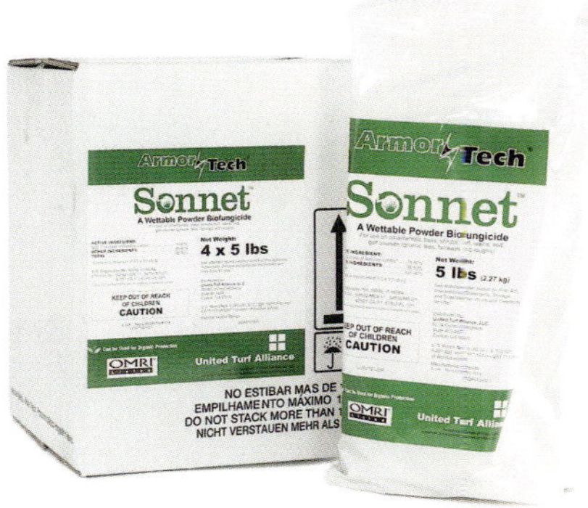

MODALITÀ D'AZIONE Svolge un'azione antagonista cioè compete con gli altri funghi e batteri per le fonti nutritive e lo spazio. È anche in grado di eliminare i competitori utilizzandoli come fonte di cibo oppure producendo sostanze che ne inibiscono la crescita.

DOSAGGIO La dose di impiego cambia con l'epoca di intervento e con la pianta trattata. Bisogna quindi seguire le indicazioni dell'etichetta.

NOTE Si conserva a lungo se mantenuto in ambiente asciutto e fresco, e al riparo dalla luce diretta del sole.

REPERIBILITÀ Si acquista presso rivenditori specializzati in agricoltura biologica oppure on-line.

EFFICACIA Bacillus subtilis è consigliato per la lotta alla Monilia delle drupacee e alla botrite della vite dai servizi fitosanitari di alcune Regioni italiane (Emilia Romagna e Piemonte). Tuttavia la sua azione non consente sempre il completo controllo dei patogeni.

Beauveria bassiana

NOTIZIE GENERALI Beauveria bassiana è un fungo cosmopolita individuato nel 1834 come causa di una grave malattia del baco da seta. In seguito si scoprì che il fungo può attaccare oltre 700 specie di artropodi e che colpisce anche insetti parassiti delle colture agrarie.

I diversi ceppi di *Beauveria bassiana* sono più o meno attivi contro determinati gruppi di insetti. Quelli in commercio, presenti in natura e non manipolati geneticamente, agiscono contro afidi, aleurodidi, tripidi e acari.

IMPIEGO Si impiega per la difesa di frutticole, orticole e ornamentali da afidi, aleurodidi e tripidi. È attivo anche contro le uova e le forme giovanili del ragnetto giallo.

Si distribuisce con bassi livelli di infestazione nelle ore serali o nelle prime ore del mattino, in quanto le alte temperature e l'esposizione ai raggi UV diminuiscono notevolmente e rapidamente l'infettività e la vitalità del microrganismo fungino.

È preferibile evitare di miscelare B. bassiana con i fungicidi. Anzi è opportuno accertarsi che nell'apparecchiatura utilizzata per la distribuzione non siano presenti residui di fungicidi adoperati in precedenti trattamenti e distanziare la distribuzione di almeno tre giorni da trattamenti fungicidi.
Bisogna curare bene la bagnatura della vegetazione anche perché una buona reidratazione del prodotto agevola la germinazione dei conidi quando giungono in contatto con la vittima.
Di solito si preferisce eseguire due-tre trattamenti ravvicinati e ripetere il trattamento in caso di forti piogge.
B. bassiana può essere fitotossico su alcune varietà di pero e su alcune piante ornamentali.

MODALITÀ D'AZIONE Agisce per ingestione e per contatto, infatti penetra attivamente nel corpo degli artropodi attraverso la cuticola, l'apparato boccale o altre aperture.
Se l'ambiente esterno è abbastanza umido, le spore del fungo, a contatto con l'insetto germinano penetrando nella vittima mediante una combinazione di azioni meccaniche ed enzimatiche. Lo sviluppo successivo del fungo all'interno dell'insetto è accompagnato da produzione di tossine e da perdita d'acqua e nutrienti. Generalmente determina la morte della vittima in 3-5 giorni.

DOSAGGIO La dose di impiego cambia a seconda del momento dell'intervento, dell'insetto bersaglio e della pianta trattata. Bisogna quindi seguire le indicazioni dell'etichetta.

NOTE I ceppi in commercio possono essere tossici verso gli organismi acquatici.
I prodotti commerciali si conservano da 6 mesi a 2 anni secondo le modalità di stoccaggio e la loro formulazione.

REPERIBILITÀ In Italia sono attualmente registrati 4 formulati a base di *Beauveria bassiana* che differiscono fra loro per il dosaggio e le modalità di conservazione e applicazione.

Granulosis virus

NOTIZIE GENERALI I virus vengono accomunati ai mezzi di difesa microbiologica anche se da un punto di vista sistematico non sono dei microrganismi. A parte rare eccezioni, ogni singolo virus è piuttosto specifico, cioè è in grado di infettare poche specie nell'ambito di un unico o di un limitato numero di generi della stessa famiglia di insetti.

I *Granulosis virus* (GV) sono un gruppo di virus che sembra essere associato in maniera esclusiva ai Lepidotteri.

Si tratta di patogeni endocellulari obbligati: per riprodursi hanno bisogno di una cellula vitale, tanto che i prodotti a base di GV sono ottenuti in vivo infettando larve allevate allo scopo.

I formulati commerciali sono venduti come sospensione concentrata dei granuli virali (capsidi) che racchiudono il materiale genetico del virus.

IMPIEGO Attualmente in commercio si trovano il CpGV, attivo contro la *Cydia pomonella* (Carpocapsa) o l'AoGV attivo contro *Adoxophyes orana* (Capua), un ricamatore dannoso per le pomacee.

I virus colpiscono esclusivamente gli insetti bersaglio, quindi possono essere considerati dei prodotti fitosanitari altamente selettivi.

Un'accurata bagnatura della coltura da proteggere è fondamentale per essere sicuri che le larve ingeriscano una sufficiente quantità di capsidi.

Nel caso della carpocapsa il periodo in cui la larva è vulnerabile è molto breve, essendo limitato fra la schiusa dell'uovo e l'inizio della penetrazione nel frutto. Diventa fondamentale, quindi, eseguire il trattamento in coincidenza con la schiusa delle uova. Ciò è possibile solo seguendo il ciclo biologico del parassita con trappole a feromoni e integrando le informazioni ottenute dal monitoraggio con i modelli previsionali.

In prima generazione la carpocapsa depone la maggior parte delle uova sulle foglie, mentre nelle generazioni successive oltre l'80% delle uova viene deposto direttamente sui frutti. Così i trattamenti sulla prima generazione risultano essere i più efficaci, perché le probabilità che la larva ingerisca il granulo virale crescono all'aumentare del tragitto che deve compiere prima di penetrare nel frutto. Inoltre nella stagione più calda le temperature più elevate e la maggiore esposizione ai raggi UV inattivano più rapidamente il virus.

I trattamenti possono proseguire sulle generazioni successive. Talvolta possono determinare la presenza di "bacato secco" sulle mele. Si tratta del danno causato dalla larva che inizia a penetrare nel frutto prima di morire a causa del virus. Questo danno non pregiudica la conservabilità dei frutti, ma li deprezza commercialmente.

È buona norma utilizzare la miscela insetticida subito dopo la preparazione, eseguire i trattamenti nel tardo pomeriggio, quando i raggi UV sono meno intensi ed evitare di distribuire il virus insieme a rame o polisolfuro.

L'aggiunta di protettivi come il pinolene, e/o di fagostimolanti come lo zucchero migliora l'efficacia dei trattamenti con GV.

MODALITÀ D'AZIONE Il GV agisce solo per ingestione, per questo motivo bisogna garantire una bagnatura ottimale della vegetazione e dei frutti.

Nell'intestino dell'ospite i granuli virali si dissolvono liberando le particelle virali che contaminano le cellule della vittima. L'infezione si estende dall'intestino a tutti gli altri tessuti rallentando l'attività delle larve che smettono di nutrirsi e poi muoiono in 3-5 giorni.

DOSAGGIO È opportuno seguire scrupolosamente le dosi indicate in etichetta.

NOTE Le confezioni di virus si conservano in frigo sia nella fase di commercializzazione che prima della distribuzione. È stabile per oltre due anni se mantenuto a temperatura inferiore ai 4-5°C, mentre mantiene la propria efficacia solo per alcune settimane se conservato a temperatura ambiente.

REPERIBILITÀ In Italia sono attualmente registrati 5 formulati a base di CpGV e 2 formulati a base di AoGV che possono essere acquistati presso i rivenditori specializzati in agricoltura biologica oppure on-line.

EFFICACIA Negli ultimi 15 anni numerosissime prove ed osservazioni hanno confermato che il GV è un mezzo efficace per il controllo dei danni causati dagli insetti bersaglio, tanto da diventare uno degli strumenti più affidabili da utilizzare in frutticoltura biologica (e integrata).
Si stima che in Europa GV sia impiegato in circa 100.000 ha coltivati a melo, pero o noce.

Trichoderma spp.

NOTIZIE GENERALI I funghi del genere Trichoderma sono considerati tra i principali componenti della microflora del suolo. Agiscono come antagonisti di diversi funghi patogeni delle colture, in particolare quelli tellurici, anche perché sono caratterizzati da un accrescimento molto rapido e da una rapida colonizzazione del suolo.
L'azione antagonista dei Trichoderma è influenzata da diversi fattori abiotici (natura del suolo o del substrato di crescita, disponibilità di nutrienti, pH, temperatura, salinità, radiazione solare, umidità) e biotici (natura dell'organismo bersaglio e della pianta ospite, presenza nel suolo di predatori, parassiti o microrganismi antagonisti).
I formulati commerciali contengono ceppi di tre specie di *Trichoderma: T. harzianum, T. asperellum* e *T. gamsii*.

IMPIEGO Trichoderma si usa per la prevenzione di funghi parassiti dell'apparato radicale e della muffa grigia.
Non ha un'azione curativa, quindi la sua applicazione non porta benefici all'infezione in corso.

MODALITÀ D'AZIONE Trichoderma agisce principalmente come antagonista grazie alla rapidità con cui riesce a colonizzare il substrato di crescita impedendo lo sviluppo di altri funghi.
Le modalità di azione differiscono a seconda del ceppo utilizzato, ma si possono ricondurre a due effetti principali: la produzione di sostanze che arrecano danni agli altri funghi e la capacità di utilizzare rapidamente le sostanze nutritive e lo spazio disponibili.
In alcuni casi Trichoderma è in grado di attivare i meccanismi di autodifesa delle piante.

Ogni specie e ogni ceppo di Trichoderma hanno una propria specificità: possono essere più efficaci nel contrastare un certo patogeno, adattarsi meglio alle condizioni particolari di un terreno, svilupparsi a temperature differenti ecc.

DOSAGGIO Esistono numerose formulazioni a base di Trichoderma, quindi è indispensabile fare riferimento alle dosi indicate in etichetta.

NOTE Le confezioni devono essere conservate seguendo le indicazioni riportate in etichetta.

REPERIBILITÀ Può essere acquistato presso i rivenditori specializzati in agricoltura biologica oppure on-line.

EFFICACIA Anche se di solito l'attività in pieno campo risulta essere inferiore a quella dimostrata in ambiente controllato, esistono numerosi studi che hanno verificato l'efficacia di Trichoderma nel controllo di alcune patologie e nell'assicurare un migliore sviluppo alle piante coltivate.

Riepilogo degli usi più frequenti

NEL GIARDINO O SUL BALCONE

Beauveria bassiana per il controllo degli afidi, degli aleurodidi e dei tripidi
Bacillus thuringiensis kurstaki per il controllo delle processionarie sulle piante ornamentali
Ampelomyces quisqualis per il controllo dell'oidio sulle rose e altre ornamentali

NELL'ORTO

Beauveria bassiana per il controllo degli afidi
Ampelomyces quisqualis per il controllo dell'oidio sulle cucurbitacee
Bacillus thuringiensis aizawai per il controllo delle nottue e delle cavolaie
Bacillus thuringiensis tenebrionis per il controllo della dorifora
Bacillus thuringiensis kurstaki per il controllo di Tuta absoluta
Bacillus subtilis per il controllo della botrite su fragola

SULLE PIANTE DA FRUTTA

Ampelomyces quisqualis per il controllo dell'oidio sulla vite e sul pesco
Beauveria bassiana per il controllo degli afidi e dei tripidi su pesco
Bacillus thuringiensis kurstaki per il controllo della tignoletta della vite, della *Cydia molesta* su pesco, di Anarsia su albicocco, dei ricamatori su melo e pero, della Cydia funebrana su susino.
Bacillus subtilis per il controllo della Monilia su pesco, albicocco, ciliegio e susino, per il controllo della botrite sulla vite
Granulosis virus per il controllo della carpocapsa su melo e pero

Bibliografia e sitografia

CAPITOLO 3 - Prodotti fitosanitari vegetali e minerali

http://agricoltura.regione.emilia-romagna.it/fitosanitario/temi/difesa-e-diserbo/Manuale-basso-impatto%20/documenti/parte-3/09-prodotti-naturali/capitolo-9-prodotti-naturali-di-origine-vegetale-e-minerale

www.sian.it/biofito/goHomePage.do?

www.sinab.it/ricerca/nuovi-fungicidi-base-di-potassio-carbonato-monobasico-la-coltivazione-eco-logica

www.archivioriviste.provincia.tn.it/ppw/TerraTre.nsf/0/D771613112035F34C1256ED8002F546E/$FILE/10.pdf?OpenElement

www.novagricoltura.com/vecchi-e-nuovi-prodotti-nella-difesa-dalla-ticchiolatura-in-coltura/0,1254,105_ART_8094,00.html

http://agronotizie.imagelinenetwork.com/difesa-e-diserbo/2013/06/19/eugenolo-e-timolo-due-agrofarmaci-naturali-approvati-in-europa/33668

www.freshplaza.it/article/56661/Cedax-presenta-XEDAGAR-il-trattamento-antiossidante-ad-immersione-che-mancava

www.freshplaza.it/article/33599/Cedax-presenta-BIOX-M,-antigermogliante-naturale-per-patate

http://testi-italiani.it/carvone

www.marinazgreenshop.com/it/prodotti-chimici/antigerm-naturale-biox-m-kg-1.html

www.erboristeriabio.com/erbe/menta.htm

http://ec.europa.eu/food/food/chemicalsafety/contaminants/acrylamide/crisps-IT-final.pdf

www.bulletinofinsectology.org/pdfarticles/vol45-1991-129-141pasqualini.pdf

www.verdeepaesaggio.it/2012/07/03/trofobiosi/

www.informatoreagrario.it/ita/riviste/vitincam/Vic0304/piretro.pdf

www.ccpb.it/blog/2009/10/28/piperonil-butossido-questo-sconosciuto/

http://fitogest.imagelinenetwork.com/it/sostanze-attive/polisolfuro-di-calcio/261

http://www.infokeeper.it/keeperfiles/creso/attach/Indagine%20diradanti%20e%20utilizzo%20mezzi%20meccanici%20-IASMA.pdf

www.informatoreagrario.it/ita/dossier/pdf/20047.pdf

www.massoagro.com/it/component/attachments/download/4748

www.agri.marche.it/Aree%20tematiche/ricerca%20e%20sperimentazione/VALUTAZIONE%20EFFICACIA%20COMPOSTI%20RAMEICI/crsa/CRSA_Incontro_Cupramontana_26-11-2008_C.pdf

www.tecpuntobio.it/Documenti/IASMA - dilavamento-efficacia Poltiglia bord.pd

www.fitosanitario.mo.it/files/6314/1648/4064/ciliegio.atti._Caruso_Mosca.pdf

www.venetoagricoltura.org/upload/pubblicazioni/Forum%20Fito%20025/caruso.pdf

http://agricoltura.regione.emilia-romagna.it/fitosanitario/doc/avversita/frutticole/file-e-immagini/albicocco/albicocco-in-biologico-il-contrasto-alla-monilia

www.labuonaterra.it/col_bio_viticoltura_muffa.htm

www.certiseurope.it/prodotti/linea-vari/detail/article/derrex-esca-lumachicida-a-base-di-fosfato-ferrico-ideale-per-colture-estensive.html

www.escher.it/upload/download-guide/Neudorff_libretti_sito/Ferramol_esca_lumachicida.pdf

www.marinazgreenshop.com/it/prodotti-chimici/antigerm-naturale-biox-m-kg-1.html
www.dowagro.com/spintorfly/caratteristiche/spintorfly.htm
P. Domenichini, A. Pacini, G. Pezzini, S. Pedron, F. Jondini, A. Capella, A. Guarnone, Azadiractina: Caratteristiche chimico-fisiche, meccanismi d'azione, e attività biologica in esperienze applicative su alcuni fitofagi, in Atti Giornate Fitopatologiche (2000). pagg. 293-298.
M. Kelderer, C. Casera, U. Pedri, Bicarbonato di potassio: un nuovo fungicida per l'agricoltura biologica?, in Notiziario Ersa (4/2007), inserto speciale, pagg. 50-52.
P. Schiatti, G. Galvagni, R. Bugiani, Soluzioni anti-ticchiolatura in agricoltura biologica, in Terra e Vita (n.9/2014), pagg. 50-52.
A. Betta, G. Fadanelli, G. Flaim, A. Franchi, M. Lorenzin, L. Mattedi, Terza rassegna bibliografica su alcuni pesticidi impiegati in Provincia di Trento, Provincia autonoma di Trento

CAPITOLO 5 - Rimedi naturali

www.sian.it
www.cra-pav.it/bancadatibiologica/scheda_dettaglio.asp?id_principioattivo=50&id_categoria=10
www.orvital.it/it/catalogo/plant_care/bio/corroboranti/
www.ccpb.it/blog/2013/05/06/corroboranti-agricoltura-biologica/
www.sian.it/biofito/goHomePage.do?tab=1&numAccessi=4697&dataAggDB=15/12/2014
www.positivamente.it/modules/newbb/viewtopic.php?topic_id=284
www.agriok.it/portaleok/base/notizie/tv/2006/tv0627ac_01.jsp
C. Casera, M. Kelderer, E. Lardschneider, Dimostrata l'efficacia dell'aceto di vino come erbicida naturale, in Vita in Campagna 4/2007.
S. Benvenuti, M. Stohrer, A. Pardossi, P. Marzialetti, Efficacia erbicida in vivaio di un prodotto a base di aceto, in L'informatore agrario 25/2012.
www.envirochange.eu/download/free_publications/peronospora_2nd_ed_interno.pdf
http://dc.delinat-institut.org/doc/italiano/raccomandazioni%20oidio-it-v2.pdf
P. Braccini, G. Nardi, R. Martellucci, M. Bonanzinga, Prove di lotta contro l'oidio (Erysiphe necator Schw.), in Viticoltura biologica.
A. Minuto, G. Minuto, A. L. Gollino, A. Garibaldi, Prove di lotta al mal bianco dello zucchino, in Atti Giornate Fitopatologiche (1998), pagg. 655-660.
C. Casera, M. Kelderer, Uso del bicarbonato di sodio in melicoltura biologica, Ancona, 2014.
www.nufarm.com/Assets/16937/1/ULMASUD.pdf
www.laimburg.it/de/obstbau/1043.asp?somepubl_action=300&somepubl_image_id=191314.
www.interbio.it/share/integra_files_lib/files/AlternativeKelderer.pdf
www.olivicoltori.net/focus.php?idFocus=24
www.teatronaturale.it/strettamente-tecnico/l-arca-olearia/19345-il-caolino-efficace-contro-la-mosca-delle-olive-ma-con-quali-conseguenze-sulla-qualita-dell-olio.htm
http://test.sinab.it/index.php?mod=ricerca_sperimentazione&m2id=192&navId=1374&idp=249&tab=stato_ricerca
www.tecpuntobio.it/Documenti/Ceratite_Caolino_Abstract_Baldacchino.pdf
www.treccani.it/enciclopedia/caolino_%28Enciclopedia-Italiana%29/
www.labiolca.it/agricoltura-biodinamica/2075-luso-delle-argille-in-agricoltura
www.bentonite.it
http://agricoltura.regione.campania.it/difesa/fitopatologia/vite/vite_botrytis.htm
www.ismea.it/flex/AppData/Redational/Normative/pubnaz/20010110000100005.pdf
www.aiablombardia.it/index.php/difesa-dai-parassiti/614-fitoterapici-vegetali-lecitina

www.antikaofficinabotanika.it/prodotto-143071/Emulsionante-ad-azione-antioidica-e-corroborante-per-agricoltura-bio-e-biodinamica-lecitina-di-soia-barattolo-250-g.aspx
www.oekolandbau.de/fileadmin/redaktion/oeko_lehrmittel/Berufsschulen_Agrarwirtschaft/Gartenbau/gb_modul_b/gb_b_06/gbmb06_04neu_01.pdf
C. Micheloni, Nuove certezze sulla difesa della vite, in Bioagricoltura, gennaio/febbraio 2009, pagg. 42,43.
http://fitogest.imagelinenetwork.com/it/sostanze-attive/pinolene/627
www.prontuariomuccinelli.it/pdf/pinolene.pdf
www.lifegate.it/persone/stile-di-vita/la_pasta_per_tronchi
www.labiolca.it/agricoltura-biodinamica/1615-pasta-per-tronchi
www.biodinamica.org/2012/12/la-pasta-per-tronchi/
www.apicoltura2000.it/propoli/prepagri.htm
www.serbios.it/UserFiles/File/scheda%20tecnica/Serbios%20cat%202014%2017%20PROPOLI.pdf
www.agri.marche.it/Aree%20tematiche/ricerca%20e%20sperimentazione/VALUTAZIONE%20EFFICACIA%20COMPOSTI%20RAMEICI/1%C2%B0%20ANNO/Rendicontazione%20risultati.pdf
www.antikaofficinabotanika.it/news-2/Perch%C3%A8-usare-il-sapone-per-piante.aspx
www.tecpuntobio.it/Documenti/abstract%20tingide%20Caruso%20Vergnani.pdf
www.orvital.it/it/catalogo/plant_care/bio/corroboranti
www.antikaofficinabotanika.it/news-20/Bicarbonato-di-sodio.aspxhwww.coltivarebio.com/produzione.html
www.nufarm.com/Assets/16937/1/ULMASUD.pdf
http://geofin.vr.it/brochures/Catalogo%20Geofin.pdf
www.verdefacilebio.com/prodotto-143055/CAOLINO-NATURALE-per-interventi-BIO.aspx
www.serbios.it/UserFiles/File/scheda%20tecnica/Serbios%20cat%202014%2014%20CAOLINO%20linea%20Surround.pdf
www.biofarm.it/caolino-kg-10.html
htwww.cerrus.it/caolino.htm
www.dalcin.com/chemia_agricoltura.asp
www.botanicaurbana.com/growshop/parassiti-funghi/antiparassitari-biologici
www.coltivarebio.com/pasta_per_tronchi_nella_prevenzione_biodinamica_e_biologica.html
www.agrisanasrl.com/propolis.html
www.agri.marche.it/Aree%20tematiche/ricerca%20e%20sperimentazione/VALUTAZIONE%20EFFICACIA%20COMPOSTI%20RAMEICI/1%C2%B0%20ANNO/Rendicontazione%20risultati.pdf
collecorvino.olx.it/propoli-per-uso-agricolo-iid-262264450
www.saponemolle.it

CAPITOLO 6 - Organismi utili

http://www.spata.it
www.nhm.ac.uk/resources/research-curation/projects/chalcidoids/pdf_X/ViggiaMa980d.pdf
http://entnemdept.ufl.edu/creatures/beneficial/a_citricola.htm
http://www.bioone.org/doi/pdf/10.1653/0015-4040(2004)087%5B0229%3AACHEEI%5D2.0.CO%3B2
http://agroambiente.info.arsia.toscana.it/arsia/arsia?ae5Diagnosi=si&IDColtura=1&IDSchedaFito=35

CAPITOLO 7 - Trappole, recinzioni, coperture e altri sistemi di protezione

Servadei, Zangheri, Masutti, (1972) Entomologia generale e applicata, Edizioni CEDAM, Padova, pag. 85-86
www.revestito.it/?id1=93&idaux=98&wiki=Trappola_entomologica
www.mosquitoweb.it
www.giardinauta.it/le-trappole-cromotropiche
www.wikipedia.it
www.sinab.it Controllare periodicamente le trappole e sostituirle
www.agraria.org
http://it.wikihow.com
http://www.taptrap.com
http://agronotizie.imagelinenetwork.com/articolo.cfm?idArt=3979
http://www.agrinnovazione.regione.sicilia.it/reti/Agrumicoltura/progetti_di_ricerca/mosca_frutta.html
Bao L., Tesi di laurea, Temperatura di sviluppo pupale e variazioni cromatiche stagionali in Bactrocera oleae, Anno accademico 2007-2008, Università di Padova.
http://agricoltura.regione.emilia-romagna.it/fitosanitario/doc/avversita/avversita-per-nome/immagini-e-documenti/moscerino-della-frutta/il-moscerino-dei-piccoli-frutti
Borelli G., Trappole a feromoni, in Bollettino fitosanitario n. 25, 6 luglio 2009, a cura del Servizio Fitosanitario Cantonale, Bellinzona (Ch).
www.quarantina.it/pdf/Elateridi.pdf
www.venetoagricoltura.org/upload/File/erbacee_bollettino/METODO%20DI%20VALUTAZIONE%20PRESENZA%20DELLE%20LARVE%20DI%20ELATERIDI.pdf
http://it.wikihow.com/Liberarsi-delle-Limacce
www.bioruggeri.it/it/ArticoliDettaglio.asp?CodART=blalt
Per Drosophila suzuki da Informatore agricola VdA Rita Bonfanti
www.aiablombardia.it/index.php/difesa-dai-parassiti/665-monitoraggio-cattura-massale-e-confusione-sessuale
www.aipp.it/UserFiles/File/GiornateFitopatologiche2012/Molinari-Schiaparelli-Feromoni-giornate-fitopatologiche-2012.pdf
www.ssnr.it/29-20.pdf
www.tutaabsoluta.it
www.serbios.it/prodotti_dettaglio.asp?id=24&categoria=trappole&dettaglio=21
www.arsiam.it/pdf/ricerca_in_olivicoltura_-_mosca_olearia.pdf

CAPITOLO 8 - Prodotti fitosanitari microbiologici

A. Cotroneo, S. De Caro, Novità sull'uso dei prodotti fitosanitari in Agricoltura 79 pagg. 9-11 (Edizioni Regione Piemonte)
AA.VV. (2008) Il corretto impiego dei prodotti fitosanitari, Guida al patentino per l'acquisto di prodotti fitosanitari in Emilia Romagna, a cura di Dinamica con il finanziamento di Fondo Sociale Europeo, Ministero del lavoro, della salute e delle politiche sociali, Regione Emilia Romagna
AA.VV. (2010) Guida all'uso corretto dei prodotti fitosanitari, Regione Piemonte
http://www.venetoagricoltura.org/upload/pubblicazioni/Guida_prodotti_fito/1_capitolo_br.pdf
http://agricoltura.regione.emilia-romagna.it/fitosanitario/temi/difesa-e-diserbo/Manuale-basso-impatto%20/documenti/parte-3/08/introduzione

http://www.sian.it/biofito/goHomePage.do?
M. Benuzzi, G. Baldoni (2000), AQ 10, nuovo biofungicida a base di Ampelomyces quisqualis contro l'oidio della vite in L'informatore fitopatologico 5/2000 pagg. 33-36
S. Foschi, P. Pirazzini (2007), Albicocco in biologico: il contrasto alla monilia, in Agricoltura, febbraio 2007, pagg. 83-85. Regione Emilia Romagna
http://multidata.multiwire.net/upload/gesnew/CresoRicerca_684emb_03.pdf
http://www.agricoltura24.com/agri24/pdf/TV_11_40_monilia.pdf
http://www.condifesabrescia.it/wp-content/uploads/2014/03/Incontro-Frutticoltura_Pollini.pdf
http://www.agricoltura24.com/botrite-il-ruolo-emergente-degli-antagonisti/0,1254,98_ART_8614,00.html
http://www.cnr.it/istituti/FocusByN.html?cds=094&nfocus=4
http://www.ilfattoalimentare.it/cereali-ogm-ricerca-non-raggiunto-equilibrio-previsioni-evoluzione-resistenza-parassiti.html
S. Gengotti (2006), Lattuga: come contenere il marciume del colletto, in Agricoltura luglio-agosto 2006, pagg. 80-81, Regione Emilia Romagna
http://www.agrinnovazione.regione.sicilia.it/reti/Orticoltura/progetti_di_ricerca/progetto_pio/html/doc/Comiso_Pre_IT/05_BENUZZI_Pre_IT.pdf
http://www.freshplaza.it/article/52087/Le-schede-IBMA-Trichoderma,-quando-il-controllo-biologico-si-sposta-nel-suolo
http://agronotizie.imagelinenetwork.com/difesa-e-diserbo/2011/11/10/il-trichoderma-vola-sul-web/14342
A. D'Elia, R. Roberti, A. Brunelli, A. Cesari, (1998), Impiego di microorganismi fungini su seme di pisello per il contenimento di Fusarium solani f.sp. Pisi, in Atti Giornate fitopatologiche 1998, pagg. 661-666
http://www.cracin.it/giornatainnovazione/posters/Galletti_POSTER.pdf
http://www.venetoagricoltura.org/upload/Aziende%20Aperte%20Protocolli%20Aperti%202013/6%20febbraio%202013/MICOTOSSINE.pdf
http://www.tecpuntobio.it/Documenti/vitebio_relazione_04_Minore%20suscettibilita%20-%20Di%20Marco%20Osti.pdf
http://www.grimpp.it/Documenti/Presentazioni%20V%20Giornate/Sessione%20IV/Simoni.pdf
www.belchim.it/
http://www.ibma-global.org/
http://www.trianum.com/it/home.html

Crediti fotografici:

www.bugwood.org, gli autori:

H. Audemard, Inra, Montfavet: *foto pag. 10*

W. Cranshaw, Colorado State University: *foto pag. 13, 18, 22, 36, 41, 84, 87*

United states national collection of scale insects photographs, Usda agricultural research service: *foto pag. 16,*

Florida division of plant industry, Florida department of agriculture and consumer services: *foto pag. 15*

L. Karney, Us Fish and Wildlife Service: *foto pag. 22*

M. Louadfel: *foto pag. 23*

S. Bauer, Usda Agricultural Research Service: *foto pag. 25, 70, 92*

H. Burrack, North Carolina State University: *foto pag. 27*

G. Holmes, California Polytechnic State University at San Luis Obispo: *foto pag. 29*

J. W. Lotz, Florida Department of Agriculture and Consumer Services: *foto pag. 32, 86*

E. E. Nelson: *foto pag. 38*

Clemson University, Usda Cooperative Extension Slide Series: *foto pag. 39*

G. Csoka, Hungary Forest Research Institute: *foto pag. 42, 50, 72, 55*

M. Zubrik, Forest Research Institute - Slovakia: *foto pag. 45, 50, 54*

S. Broughton, Department of Agriculture & Food Western Australia: *foto pag. 51*

V. Ryabincov: *foto pag. 55*

L. M. Nageleisen, Département de la Santé des Forêts: *foto pag. 64*

J. Solomon, USDA Forest Service: *foto pag. 64*

P. Bachi, University of Kentucky Research and Education Center: *foto pag. 65*

G. Morvan, INRA, Montfavet: *foto pag. 66*

H. J. Larsen: *foto pag. 67*

M. Giesbrecht, Texas A&M AgriLife Extension Service: *foto pag. 68*

Pennsylvania Department of Conservation and Natural Resources - Forestry: *foto pag. 68*

J. Michael Moore, University of Georgia: *foto pag. 69*

R. D. Wallace, University of Georgia: *foto pag. 72*

P. Bachi, University of Kentucky Research and Education Center: *foto pag. 77*

University of Georgia Plant Pathology, University of Georgia: *foto pag. 81*

D. Stephens: *foto pag. 84*

A. Viola, Northeastern University: *foto pag. 84*

H. Burrack, North Carolina State University: *foto pag. 93*

P. Greb, USDA Agricultural Research Service: *foto pag. 150*

Wikipedia, gli autori:

Rasbak: *foto pag. 91*

Phycus, Wikipedia: *foto pag. 93*

Jersz, Wikipedia: *foto pag. 94*

olei@despammed.com: *foto pag. 95*

PierreSelim, Wikipedia: *foto pag. 97*

Bramfab, Wikipedia: *foto pag. 98*

Kevinsooryan, Wikipedia: *foto pag. 103*

Cocumola, Wikipedia: *foto pag. 117*

Vulkan-Commonswiki: *foto pag. 124*

Wikimedia, gli autori:

B. Kohl: *foto pag. 73*

Keisotyo: *foto pag. 62, 96*

Magnus Manske: *foto pag. 122*

Altri

www.rivistafrutticoltura.it: *foto pag. 14*

M. Maspero e A.Tantardini, centro MIRT Fondazione Minoprio: *foto pag. 47*

http://ager.innovapero.it: *foto pag. 58*

dott. G. Pezzini: *foto pag. 74*

www.cpt-ti.ch: *foto a pag. 83*

INTRODUZIONE ALLA PERMACULTURA

L'arte di coniugare i saperi di discipline diverse per progettare un orto in armonia con la natura

di B. Mollison e R. Mia Slay

Formato: cm 21 x 28

Pagg. 236 • € 20,00

DIFENDERE L'ORTO CON I RIMEDI NATURALI

Fitosanitari, macerati, trappole e altre soluzioni bio per coltivare senza veleni

di Francesco Beldì

Formato: 14,5 x 21 cm

Pagg. 120 • € 13

L'ORTO SENZ'ACQUA

Imparare a fare l'orto senz'acqua grazie alla tecnica del cippato in agricoltura, per risparmiare acqua, petrolio e lavoro

di Jacky Dupety

Formato: cm 15 x 21

Pagg. 168 • € 13,00

MANUALE PRATICO DI AGRICOLTURA BIODINAMICA

Una guida per conoscere, approfondire e mettere in pratica l'agricoltura biodinamica per coltivare frutta e verdura senza concimi e pesticidi chimici

di Pierre Masson

Formato: cm 15 x 21

Pagg. 180 • € 14,00

PERMACULTURA PER L'ORTO E IL GIARDINO

Esperienze e suggerimenti pratici per raggiungere l'autosufficienza in un piccolo pezzo di terra

di Margit Rusch

Formato: cm 19 x 23,5

Pagg. 144 • € 14,00

AGRICOLTURA SINERGICA

Le origini, l'esperienza, la pratica

di Emilia Hazelip

a cura de La Libera Scuola di Agricoltura Sinergica «Emilia Hazelip»

Formato: cm 19 x 23,5

Pagg. 240 • € 20,00

GENUINO CLANDESTINO

Viaggio tra le agri-culture resistenti ai tempi delle grandi opere

di Michela Potito e Roberta Borghesi

Fotografie di Sara Casna e Michele Lapini

Postfazione di Wu Ming 2

Formato: cm 19 x 23,5

Pagg. 280 - € 18,00

FARE IL COMPOST

Trasformare gli scarti della cucina e dell'orto in ottimo concime. I segreti del lombricompostaggio e del compost sul balcone

di P. Martin, L. Martin, E. Prédine

Formato: cm 19 x 23,5

Pagg. 88 • € 13,00

Lo sconto del 15% per gli abbonati viene applicato solo per gli ordini effettuati presso la redazione di Terra Nuova telefonicamente o dal sito www.terranuovalibri.it (previa abilitazione)

IL MIO ORTO BIOLOGICO

Consigli per coltivare l'orto con i suggerimenti del metodo biologico, dell'agricoltura sinergica e della permacultura

di E. Accorsi e F. Beldì

Formato: cm 15 x 21

Pagg. 220 • € 18,00

IL MIO FRUTTETO BIOLOGICO

Pratici ed efficaci consigli per coltivare la vite e gli alberi da frutto, con i suggerimenti dell'agricoltura biologica e dell'agroecologia

di E. Accorsi e F. Beldì

Formato: cm 15 x 21

Pagg. 296 • € 20,00

CALENDARIO DEI LAVORI AGRICOLI

Lunario e planetario secondo il metodo biodinamico

di Pierre Masson

Formato: cm 21 x 30

Pagg. 32 • € 10,00

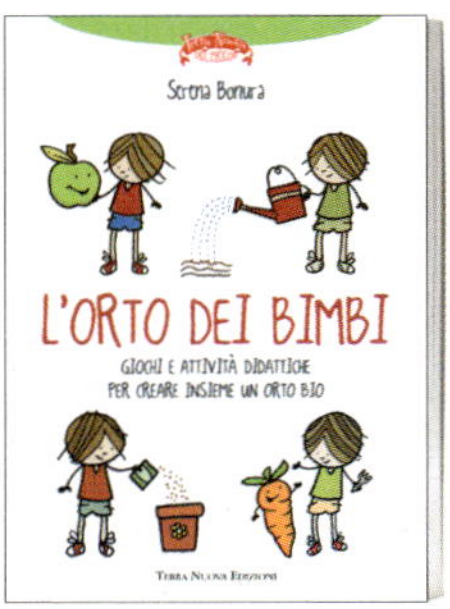

L'ORTO DEI BIMBI

Giochi e attività didattiche per creare insieme un orto biologico

di Serena Bonura

Formato: cm 14,5 x 21

Pagg. 168 • € 13,00

Terra Nuova EDIZIONI

PERMACULTURA PER TUTTI

I principi generali e le esperienze in Italia di permacultura per curare la terra e guarire il pianeta

di Patrick Whitefield
Formato: cm 11,5 x 16,5
Pagg. 224 • € 10,50

IL LIBRO DI PIETRO

Attraverso gli occhi di un contadino, una preziosa raccolta di memorie che ci regala il ricordo più autentico della civiltà contadina

a cura di Jenny Bawtree
Formato: cm 17 x 24
Pagg. 216 • € 15,00

BIOBALCONE

Coltivare ortaggi e aromi con il metodo biologico e la permacultura

di Francesco Beldì
Formato: cm 15 x 21
Pagg. 112 • € 12,00

IL CAMPO IN CONCA, L'ARTE DELL'ORTO

Suggerimenti, astuzie e riflessioni per coltivare l'orto secondo natura

di Maria Pagnini
Formato: cm 15 x 21
Pagg. 112 • € 10,00

ERBARIO DELLA SALUTE

Guida alla raccolta e all'utilizzo delle 40 erbe medicinali più efficaci, con consigli pratici per la cura dell'uomo, degli animali e delle piante

di Ferdinando Alaimo
Formato: cm 19 x 19
Pagg. 168 • € 14,00

FARE IN CASA COSMETICI NATURALI

Diventare maghe di bellezza senza usare prodotti nocivi

di Dafne Chanaz
Formato: cm 14,5 x 21
Pagg. 136 • € 13,00

SVEZZAMENTO SECONDO NATURA

Come e quando introdurre alimenti sani e biologici nella dieta del tuo bambino, evitando il cibo industriale e preconfezionato

di Michela Trevisan
Formato: cm 15 x 21
Pagg. 200 • € 13,00

CHI È STATO?

Storia di una bottiglia di vetro abbandonata in un bosco

Illustrazioni di M.Armstrong Olea
Formato: cm 30 x 21,5
Pagg. 40 • € 14,00

Cerca i libri di Terra Nuova Edizioni nelle migliori librerie, nei negozi di alimenti biologici o richiedili direttamente a: Editrice Aam Terra Nuova, via Ponte di Mezzo 1 - 50127 Firenze • tel 055 3215729 • libri@aamterranuova.it

puoi consultare il catalogo completo e ordinare i nostri libri anche su **www.terranuovalibri.it**

VIVERE BASSO, PENSARE ALTO

... o sarà crisi vera

dal fondatore di "Low Living High Thinking" Andrea Strozzi

Formato: cm 15 x 21

Pagg. 120 • € 9,00

VITA LUNGA E IN SALUTE

Ricette e consigli per una dieta naturale nella terza età

di M. Trevisan e L. Busato

Formato: cm 19 x 19

Pagg. 120 • € 14,00

VEGAN FACILE

120 ricette sane e gustose alla portata di tutti

di Federica Del Guerra

Formato: cm 19 x 19

Pagg. 120 • € 13,00

SE NON MANGIA LE VERDURE

100 ricette vegetariane e tanti gustosi suggerimenti per far apprezzare le verdure ai più piccoli

di M. Trevisan e L. Busato

Formato: cm 19 x 19

Pagg. 120 • € 13,00

ETNICO VEGANO

120 ricette dal mondo reinterpretate senza prodotti animali. Un gustoso viaggio fra sapori lontani con prodotti bio e di stagione

di Alice Savorelli

Formato: cm 19 x 19

Pagg. 120 • € 13,00

RICETTE PER UN INTESTINO FELICE

Consigli per prendersi cura del nostro secondo cervello ricette 100% vegetariane

di C. Vecchi e G. Lomazzi

Formato: cm 19 x 19

Pagg. 120 • € 14,00

FACCIAMO IL PANE

Oltre 50 ricette per imparare a fare il pane con il lievito naturale

di Annalisa De Luca

Formato: cm 19 x 19

Pagg. 120 • € 13,00

IL GRANDE LIBRO DELLA PASTICCERIA NATURALE

Soddisfare la voglia di dolce con ingredienti vegetali e salutari: nuova edizione, aggiornata e ampliata, con bellissime foto

di Pasquale Boscarello

Formato: cm 19 x 23

Pagg. 120 • € 13,50

Lo sconto del 15% per gli abbonati viene applicato solo per gli ordini effettuati presso la redazione di Terra Nuova telefonicamente o dal sito www.terranuovalibri.it (previa abilitazione)